目次

おっかあを殺したのは俺じゃやねえ　３ページ
新老人ホーム論　平助の遺言　６６ページ
啓二の災難　１２５ページ

おっかあを殺したのは俺じゃねえ

一

あわもり五〇〇ミリボトルを掴み、空になったコップの上でゆっくりと傾けた。コップの半分の半分ほどの酒が出てきて五〇〇ミリボトルは空になった。立ち上がって冷蔵庫に行き、上の冷凍庫を開いて氷を一個掴んでコップに入れた。冷凍庫の蓋を閉め、冷蔵庫の隣の流し台で水道の蛇口をひねり、コップの縁ぎりぎりまで水を入れ、コップを口に持っていってこぼれかけた酒を飲んでからテーブルに戻った。椅子に座りゆっくりと酒を飲み始めた。

五〇〇ミリボトルには一滴の酒も残っていない。コップの酒を飲み干すと酒が切れる。酒が切れるとアパートから三百メートルほど離れたところにあるヨシばあさんの商店まで酒を買いに行かなければならない。住んでいる部屋はアパートの三階だ。酒を買うには長い階段を下り、三百メートルもの距離を歩かなければならない。長い階段を下り、それから三百メートルも歩くというのは難儀だ。できることなら行きたくない。しかし、体がだるくて動きたくなくても酒を飲みたいという欲求には勝てない。酒が切れたらどうしても階段を下りてヨシばあさんの商店まで行かなければならない。俺は酒を買いに行くのを引き伸ばすために最後の一杯をゆっくりと飲んだ。

ちびりちびり飲んでいた酒がとうとう切れてしまった。酒が切れると心のよりどころがなくなり不安になる。憂鬱になる。心の不安をなくすためには酒がどうしても必要だ。俺はもうアルコール中毒になったかもしれない。一日中酒を飲んでいる日々が続けばアルコール中毒になってもおかしくない。体はだるい。動きたくない。酒を買いにいくのが億劫だ。しかし、酒がないと憂鬱な気分が強くなっていく。憂鬱な気分を鎮めるためには酒を飲み酔うしかない。酒を飲めば憂鬱な気分を鎮めることができる。体がだるくて動きたくないが・・・太陽の陽射しが強くて外に出たくないが・・・しかし、酒を飲みたいという衝動がだるい体を突き動かし、酒を飲みたいという欲望が強い陽射しに耐える覚悟を持たせる。憂鬱の底に沈みたくない気持ちが酒を買いに行こうと奮い立たせる。

しかし、まだ体は動かない。部屋は一人ではない。おっかあがいる。おっかあはアルツハイマーという頭が阿呆になる病気にかかっている。おとなしくテレビを見ているおっかあだが、いつまでもおとなしくテレビを見ているわけではない。突然動き回ったりする。部屋の中をめちゃくちゃにしたり、最悪の場合は外に飛び出して行方不明になることもある。おっかあは一日中目が話せない。しかし、酒とタバコは必需品だ。ヨシばあさんの商店に行かなければならない。

「おっかあ。静かにしておけよ」

俺は立ち上がった。おっかあは俺の声に反応しないでテレビを見つめている。「おっかあ。静かにしておけよ」と忠告しても、おっかあは俺の忠告なんか守りはしない。俺が部屋を出た後に部屋を歩き回り、部屋を散らかすかもしれない。おっかあにはなにを話しても通じないし、なにをするか予測することもできない。おっかあのことは気になるが、酒が切れたから、酒を買いに行かなければならない。部屋を暫くの間留守にしなければならない。俺が帰るまでおっかあがおとなしくしていることを祈りながら部屋を出た。

部屋を出ると、廊下のはずれにある階段を転ばないように壁に寄りかかりながらゆっくりと三階から二階へ、二階から一階へと下りていった。階段を下りてアパートを離れ、車道を渡り、狭い歩道を歩いてヨシばあさんの商店に向かった。陽射しが強い。強烈な陽射しが肌をちくちくと刺す。真夏の陽光にちくちく刺されながら道路を左に曲がり路地に入った。車がぎりぎり二台通れる道路は歩道がない。壁に沿って歩くのが歩道を歩くことになる。

古い住宅が密集している場所にヨシばあさんの商店はある。家の一部を改造して造った小さな商店で、酒やタバコや缶詰やお菓子を置いてある。商店の看板はなく、ソフトドリンクの自動販売機二台とタバコの自動販売機一台に挟まれてヨシばあさんの店の出入り口がある。古い木造の店の出入り口は木造のガラス戸で、だいぶがたがきていて開けにくい。がたがた音を立てながら戸を開けて商店の中に入ると、ヨシばあさんは嫌な顔をして俺を見つめた。離れているから酒の臭いはしないはずなのに、ヨシばあさんは俺から発している酒の臭いをかき消すように手を鼻の辺りで振った。

「酒とタバコをくれ」

と言ったが、ヨシばあさんは動かなかった。以前は、注文すると、「あいよ」と言って、すぐに立ち上がり酒やらタバコやらを取ったが、最近のヨシばあさんは、酒やタバコを売りたくない素振りをするようになった。俺が仕事をしなくなり毎日酒を飲んでいるのが気に入らないようだ。「仕事をやりたくなくて仕事をやらないのではないし、好き好んで毎日酒を飲んでいるわけでもない。わかってくれヨシばあさん」と言いたかった。しかし、言ったところで俺を酒飲みのぐうたら人間と決め付けているヨシばあさんは俺の言うことを信じないだろう。手を振って酒の臭いを散らす素振りをしているヨシばあさんには苦笑するしかない。弁解するのをあきらめて、

「酒をくれ」

と、言った。ヨシばあさんは俺を睨みながら渋々酒を取り出した。

「タバコもくれ。セブンスターだ」

ヨシばあさんはタバコを取り、前に置いた。

千円札二枚を出すと、ヨシばあさんは口をへの字のまま、俺におつりを渡し、右手で鼻をつまみ、左手で俺を追い払うように手を振った。俺は酒とタバコとおつりを取ると黙って商店を出た。商店を出る時、ヨシばあさんを見ながら、「ありがとう、じゃやな」と軽く手を振りながらガラス戸を閉めるのが習慣だったが、ヨシばあさんが俺を見た途端に嫌な顔をするようになってからは黙って戸を閉めるようになった。不機嫌な顔で俺を睨んでいるヨシばあさんの顔を見たくないし、それに最近の俺は、他人

に愛想を振りまくのがおっくうになってきた。

四十八歳の俺は働き盛りだ。ばりばり働ける。それなのに仕事をしないで生活保護を受けている。生活保護を受ける生活をするなんて考えられないことだ。惨めだ。仕事をやりたい。しかし、できない。認知症のおっかあと一緒に住んでいるからだ。おっかあはご飯の食べ方が分からなくなった。俺が口まで運ばないとご飯を食べることができない。おっかあはトイレに行くことができない。俺が連れて行かなければならない。おっかあは風呂に入ることもできない。俺が浴びせなければならない。おっかあは外に出ていったらアパートに帰ってくることができない。俺が一日中見張っていなければならないくらいにおっかあはボケてしまった。だから俺は仕事ができなくなった。

子供の頃、おっかあはスナックのホステスをしていて、毎朝酒の臭いをさせていた。おっかあは勝気でヒステリーでいつも俺を叱っていた。そんなおっかあが嫌いだったから、高校受験に失敗した俺は本土就職を希望し、名古屋の建設会社に就職した。予備校に通って、もう一度高校受験をするようにとおっかあは俺を説得したが、おっかあと一緒に住むのが嫌だった俺は本土就職を選んだ。二度と沖縄には帰ってこないと決心している俺だったから、おっかあが正月に帰って来いと言っても沖縄には帰らなかった。

二十歳になった時、中学の同級生から、成人式の日にクラス会をするから沖縄に帰って来いという呼びかけがあった。本土で一人で生きていた俺は孤独だったから、同級生の呼び掛けに郷愁が湧き、同級生たちに会いたくなったので、成人式のために沖縄に帰ることにした。

でも、沖縄に帰ってくるとやっぱり嫌いなおっかあには会いたくないという気持ちが湧いてきて、おっかあとナエが住んでいるアパートが近くなるにつれて俺の足は重くなっていった。アパートの近くに来た時に、「おにいちゃーん」と女の声が聞こえた。声のするほうを見た。すると、中学生三年生に成長したナエが手を振りながら走って来た。ナエが迎えに来るというのは予想していなかったので俺は戸惑い足が止まった。走ってきたナエは、「おにいちゃん、お帰り」と言って、満面の笑みを浮かべ、まるで小学生のような表情をして俺に抱きついてきた。それにはさすがの俺もびっくりした。俺が最後にナエを見たのは小学生でまだ子供のナエだったわけで、中学生になったナエは女の匂いがするし抱きつかれた俺はうれしいというよりも恥ずかしかった。ナエの喜びは大げさだと思ったが、俺たちは俺とナエの二人だけの兄妹で、ナエにとって俺はたった一人の兄だったから、俺に再会したナエのうれしさは俺の予想をはるかに超えたものだったのだろう。

その夜は、おっかあはいつものようにスナックにでかけた。俺は電話をかけてきた中学時代の友人たちと遊びに出かけた。ナエは出かけようとした俺を呼び止めて、「おにいちゃん。何時に帰ってくるの」と言った。俺は何時に帰るか知らないというと、ナエはさびしそうな顔をして、「おにいちゃん。早く帰ってきてね」と言った。「できたらな」と言って外に出た俺は朝帰りしたが、あの時のナエのさびしそうな顔は俺の心に焼きついた。

俺とナエは父親が違う。俺はおっかあの私生児で、俺はおとうを知らない。おっかあはスナックで出会ったナエの父親と恋をし、俺が五歳の時にナエを産んだ。おっかあは結婚するとスナックの仕事を辞めたが、ナエの父親の稼ぎが少ないといっておっかあはナエの父親を責めた。ナエが産まれてからはおっかあとナエの父親との夫婦喧嘩は絶えなかった。酔っ払うと俺を殴るナエの父親が嫌いだったし、勝気でヒステリーのおっかあも嫌いだった。俺が八歳でナエが三歳の時におっかあはナエの父親と離婚した。おっかあが再びスナックの仕事をするようになるとナエの面倒は俺がみなければならなくなった。ナエが病気になると俺が看病しなければならなかったし、おっかあは朝帰りが多く、夕方まで寝ていたから、どこに遊びにいくのにも俺はナエを連れて行かなければならなかった。ナエのせいで俺は自由に遊べなかったので、ナエは俺にとって煩わしい存在だった。だから、俺はナエを可愛がったりはしなかった。しかし、こんな兄でも、ナエは兄として俺を慕っていたようだ。

久しぶりに会ったナエは俺が頼みもしないのに通知表や作文や絵なんかを俺に見

せた。俺はナエの父親じゃねえぞと思ったが、ナエは俺に見せるためにずっと大事にとっていたというし、とても楽しそうに話すので、俺はナエの話をにこにこしながら聞くしかなかった。ナエは手編みのマフラーと手袋を成人祝いだといって俺にプレゼントした。ナエと再会して、ナエが兄として純粋に俺を慕っているのを初めて知った。それからは、ナエは俺の愛しい妹になった。

十六歳の時に沖縄を離れた俺は絶対に沖縄に帰るものかと意地を張っていたから、家に手紙を送ったことはなかったし、年賀状や暑中見舞いのハガキの一枚さえも送らなかった。ところが、ナエは俺に手紙をまめに送ってきた。

「お元気ですかおにいちゃん。ナエは元気です。お母さんも元気です」

が、ナエの手紙の書き出しのワンパターンだった。

「おにいちゃんも、たまには手紙を送ってね」

という文章は、いつも手紙の最後に書いてあった。ナエの手紙をうれしいと思ったが、意地を張っていた俺はナエに一度も手紙を送ったことはなかった。しかし、成人式の時に、沖縄に帰ってきてナエと再会し、ナエが俺を兄として純粋に慕っていることを知った俺は下手な文章ではあるがナエに手紙を送るようになった。

ナエは二十七歳で同じ年齢のタクシー運転手と結婚した。夫は高校時代の同級生らしい。ナエは結婚した時、おっかあと一緒に住もうとした。しかし、おっかあはナエと住むのを断った。ナエは、おっかあは自分の夫が気に入らないのかなあ、それとも、車で四十分以上も離れたアパートに移ると、車の免許を持っていないおっかあは弁当屋を辞めなければならないから、その性でおっかあはナエと住んでくれないのかなあと俺に嘆きの手紙を送ってきた。

ナエは、おっかあ一人で生活させるのは心配だから、俺に沖縄に帰って欲しいと手紙を書いてきた。手紙を読みながらナエの心のやさしさに打たれて、沖縄に帰っておっかあと一緒に住もうかなと思うことはあったが、勝気でヒステリーなおっかあのイメージがトラウマになっている俺はおっかあと住む気にはなれなかった。それに、十六の歳から本土で一人で生きてきた俺は、本土の建設現場を渡り歩く生活にすっかり慣れていて沖縄に帰る気はなかった。沖縄に帰っておっかあと一緒に暮らしたいという気持ちが全然ない俺だったから、

「おっかあは一人でも大丈夫だ」

と言っておっかあと一緒に住むのを断った。そして、

「ナエはおっかあのことを心配するのはやめたほうがいい。おっかあはおっかあだし、俺は俺だし、ナエはナエだ。おっかあが一人で生活したいというのだから、それでいいじゃないか。ナエ、気にするな。ナエは心配しすぎだよ」

と、ナエがおっかあと別々に住むのを気にしないように諭した。ナエは渋々おっかあと同居するのをあきらめた。

結婚して三年すると。ナエに子供が生まれた。子供が生まれて一週間後には、病院の白いベッドの上で、赤ちゃんを抱いているナエがピースをしている幸せ一杯の写真を送ってきた。写真を見た時、俺は心の底からナエの幸せを祝福した。

俺は俺なりに不満のない生活を送っていた。俺が気がかりだったのはナエのことだったが、そのナエが結婚して子供も生まれ、幸せな家庭を築いたから、俺は気がかりなものはなにひとつなくなった。ナエに子供が産まれたのがうらやましくなり、俺もそろそろ彼女を見つけて結婚をしなければなと考えるようになったが、俺にはなかなか結婚のチャンスはなかった。

沖縄に帰る気は全然なかった俺が沖縄に帰ってきたのは五年前の夏にかかってきたナエからの電話が原因だ。ナエの子供の近況を聞くのが俺の一番の楽しみだったから、ナエから電話がかかってきたので俺は子供の様子を聞いた、しかし、その日のナエの声はいつもの明るい声ではなかった。ナエは俺の質問には答えないで、「お母さんがね」と話を切り出した。おっかあの話はしたくないので俺は不機嫌になった。

「おっかあの話はいいから」と俺は言ったが、ナエは、「聞いて、おにいちゃん」と強い口調で言った。「聞いて、おにいちゃん」と言われるとナエに弱い俺は聞かないわけにはいかない。仕方がないので、聞きたくもないおっかあの話を俺は聞くことにした。

ナエは、最近のおっかあがボケてきているようだと言った。おっかあは六十九歳だったが、俺の仕事仲間でも、七十歳くらいになると物忘れがひどくなる人間は多かった。六十九歳なら少々ボケるのが普通だ。俺の知っている老人たちはボケても仕事はできたし生活に不自由することはなかった。おっかあも少々ボケる年齢になったのかなあと俺は他人事のように思いながら、

「あ、そう」

と軽く受け流した。するとナエは、

「お母さんがボケているのよ。おにいちゃんはお母さんのことが心配じゃないの」

と俺を責めた。「おっかあなんてどうでもいいよ」と俺は言いたかったが、そんなことを言えばナエがとても怒るしとても悲しむ。だから、俺は、「おっかあなんてどうでもいいよ」とは言えなかった。

「人間は老人になったら誰でもボケる。おっかあは七十歳に近くなったのだから少々ボケて当たり前だ。ボケたからといってどうのこうのという問題なんかない。心配するなナエ」

と、俺はナエがおっかあのことを心配しないように諭した。しかし、心配症のナエは俺の話を無視して、この前は湯を沸かすためにガスコンロに火を点けたままスーパーに買い物に行き、もう少しで火事になるところだったとか、ナエの子供の名前を度忘れすることが多くなったとか、おっかあの物忘れが多くなったことを話し、おっかあ

がボケてきたのでおっかあを一人で生活させるのは心配だと言った。

「ナエは心配症だよ。おっかあはまだ七十歳にもなっていない。おっかあは大丈夫だよ。心配するな」

と言って、俺はナエがおっかあのことで神経質にならないように諭した。しかし、心配症のナエは俺の説得を聞かないで、おっかあのボケを心配した。

ナエはおっかあと一緒に住みたいと説得したが、ナエのアパートに引っ越すとおっかあが働いている弁当屋に通勤できなくなるからといって、おっかあはナエのアパートに引っ越すのを断ったとナエは嘆いた。ナエはため息をつき、もし、コンロの消し忘れをして火事になったら大変なことになるとおっかあの心配をした。ナエの話を聞きながら、俺はいつのまにかナエの話に巻き込まれ、「そうかあ」と言いながら、ナエがおっかあの心配をしないですむ方法はないかと知らず知らずのうちに真剣に考えていた。突然ナエは、

「おにいちゃん。沖縄に帰ってきて」

と懇願した。ナエは、俺が沖縄に帰って来ておっかあと一緒に暮らしてほしいと言った。突然の話の転換に俺はびっくり仰天して、

「え、俺が沖縄に帰るのか」

と言った。するとナエは、

「だって、おにいちゃんは長男でしょう」

と言い、長男の俺がおっかあの面倒を見るのは当然だと言った。俺は困った。確かに沖縄では長男が親の面倒を見なければならないという習わしがある。しかし、俺は本土できままに生きるのが好きであったし、十六歳のときからそんな風に生きてきたのだから沖縄に帰るつもりがなかったし、おっかあの面倒をみなければならないと考えたこともなかった。

「それはそうかも知れないが、しかし」

俺は、老人になったら頭も肉体も少々衰えるのが当然で、誰でも多少はボケる。おっかあはまだ七十歳にもなっていないのだから、まだまだバリバリ仕事ができる。その証拠におっかあは弁当屋でばりばり働いているではないか。仕事ができる間は大丈夫だ。おっかあのボケは大したボケではない。おっかあは気丈だから一人でやっていけると、沖縄に帰るのを避けるために俺は懸命にナエを説得した。俺が沖縄に帰る気がないことを知ったナエは、俺がどうしても沖縄に帰らないのなら、ナエの家族がおっかあの近くのアパートに引っ越しておっかあと一緒に住むと言い出した。

「おいおい、冗談だろう」

と俺は言ったが、ナエは一本気で冗談をいう人間ではないと知っていたから、俺が沖縄に帰らなければナエは本気でおっかあと一緒に住む気なのだと思った。ナエの決心に俺は困ってしまった。俺は沖縄に帰りたくなかったし、ナエがおっかあと住むのも反対だった。

おっかあは勝気な女だ。狭いアパートで、ナエの家族と勝気なおっかあが一緒に住むのは大変で、もしかしたらナエの家庭が壊れるかもしれない。俺はナエには幸せになってほしかったから、おっかあとナエが住むのは反対だった。しかし、俺が沖縄に帰らないとナエはおっかあと住むという。

沖縄を出て二十五年も過ぎていて、すっかり本土の建設現場から建設現場へと流れる生活が身につき、沖縄に帰るという気持ちは全然なくなっている俺だったが、若い頃のように沖縄には絶対に帰らないぞという意地もなくなっていた。それに勝気でヒステリーなおっかあへのトラウマも薄れていたから、おっかあと住むのに若い頃のような強い抵抗はなかった。ナエに沖縄に帰るように懇願された日から俺は沖縄に帰るかどうか悩むようになった。五年前の俺は四十歳を過ぎていて、四十歳を過ぎてからの俺は一人の生活に時々わびしさを感じるようになっていた。一人で生きるのに少々疲れていたのだろう。沖縄に帰るか帰るまいかと悩むようになると、ますます一人の生活にわびしさを感じるようになり、日が経つにつれて、沖縄に帰って結婚をして落ち着いた生活をしたいという気持ちが強くなっていった。それに、俺は長男だし、ナエのいう通りいつかはおっかあの面倒を見なければならない責任がある。ナエに「おにいちゃん。沖縄に帰ってきて」と言われてから一年後に俺は沖縄に帰る決心をした。

俺は沖縄に帰り、おっかあと一緒に住んだ。年を取ったせいなのか知らないが、おっかあは俺の嫌いな若い頃の勝気でヒステリーなおっかあではなくなっていた。弁当屋の仕事は朝が早いから、俺が寝ている時に仕事に出かけるおっかあだったが、毎日俺の朝食と弁当を作ってくれたし、夕飯は二人一緒に食べた。俺とおっかあの生活はそれなりに上々であった。俺が困ったのは失業率の高い沖縄では臨時の仕事しかなく、給料は本土の半分くらいしかなかったことだ、このままでは結婚は難しいなと俺は悩んだ。

五年前のおっかあはボケているとは思えなかったし、おっかあと俺の生活はうまくいっていた。四年前もうまくいっていた。三年前は、ボケが少し悪くなったせいで弁当屋の仕事がこなせなくなって首になった。おっかあは豆腐屋に就職したが豆腐作りの仕事を覚えることができなくて三日で首になった。後で知ったことだが、おっかあはアルツハイマー病が原因で、決まった通りに仕事ができなかったり、効率よく仕事ができないという遂行機能障害というものになっていたようだ。そのためにおっかあは弁当屋を首になり、豆腐屋をたった三日で首になった。おっかあはひどく落ち込んで仕事を探す気力がなくなったが、俺との生活はうまくいっていた。二年前から、おっかあは料理が下手になり、物忘れも多くなり、ヒステリーを起こして俺と喧嘩をすることはあったが、俺とおっかあの生活はなんとかやっていた。しかし、一年前からおっかあは、料理が作れなくなり、俺を泥棒呼ばわりしたり、おかしなことを話したり、トイレ以外で用を足したり、外に出たら家に帰ることができなくなったりしてボケがひどくなった。おっかあのことで隣近所の人間たちからの苦情が増えていって、俺の生活はめちゃくちゃになっていった。

狂ってしまったおっかあの面倒を一日中みると俺は仕事ができない。仕事するためにおっかあを精神病院に入れるしかないと考え、俺はおっかあを精神病院に連れて行った。すると若い医者はおっかあの脳の写真を見せながら、「お母さんはアルツハイマー病です」と言った。俺はアルツハイマーという病気についてわからなかったから、「アルツハイマー病とはどんな病気ですか」と訊いた。すると若い医者は、アルツハイマー病というのは脳の中の記憶に関係する部位である海馬や頭頂葉や側頭葉にアミロイドというたんぱくの一種が蓄積していくことが病気の始まりで・・・と中卒で学のない俺にはさっぱり分からない言葉を並べながら説明した。さっぱり分からない医者の説明を俺はまじめな顔をして黙って聞いていた。若い医者は俺には全然理解できないアルツハイマー病の説明をした後に、アルツハイマー病が原因である認知症の症状について説明した。俺がボケだと思っていたのは実はアルツハイマー病という病気の症状であった。ボケというのは病気ではなくて、老人になっていくと次第に頭が老化していくどうしようもないものだと俺は思っていたが、若い医者は、俺がボケだと思っていた症状はアルツハイマー病という病気が原因である認知症だと説明した。老人ボケなら病気ではないから治すことができないが、アルツハイマーという病気であるなら病院で治療すれば治すことができるだろうと俺は思ったから、

「先生。どのくらい入院したらおっかあの病気は治りますか」

と訊いた。俺の質問に医者は呆れて苦笑した。俺は真面目に話をしているのに笑われたので馬鹿にされたようで腹が立った。しかし、病気は医者にしか治せない。おっかあの病気を治したい俺は怒りを押さえて、

「先生。おっかあの病気が治るのは長くかかりますか」

と再び訊いた。すると医者は、俺の質問がとてもおかしいらしくて、「くくく」と苦笑した。俺はなぜ医者が笑うのか理由がわからなくて戸惑った。しばらくして医者は笑うのを止め、アルツハイマー病は不治の病であると言い、今の医学ではアルツハイマー病を治すことはできないと言った。昔は不治の病といわれてきた癌も治すことができる時代になったのに、おっかあのアルツハイマー病が治せないと医者が言ったことに俺は納得できなかった。癌が治せる時代なのだからアルハイマーだって治せるだろうと反論したかったが、無学な俺が頭のいい医者に反論なんかできるはずがない。

「そうですか。アルツハイマーという病気は不治の病ですか。先生がいうのなら間違いなく不治の病ですね」

と俺は皮肉を込めて言った。しかし、医者は俺の皮肉を無視して、俺のおっかあはアルツハイマー病がかなり進行していると言い、どうして、もっと早く病院に連れて来なかったかと俺を責めた。どうして、俺が責められないといけないのか理解できないで俺は返事に困った。医者は、こんなに病気が進行してから病院に連れてくるもので

はないと言い、

「素人が介護すると病気の進行を早めてしまう、お母さんがかわいそうです。もっと早く連れてこなければ駄目です」

と、俺を責めた。なぜ、俺が非難されなければならないのか。俺は医者じゃない。アルツハイマーという病気についてなにも知らない。そんな俺が、おっかあがアルツハイマーという病気にかかっているのを見抜くことができるはずはないじゃないか。そもそもだ。アルツハイマーは不治の病と医者は言ったのだ。だったら、早く連れてきたから病気が治るものでもない。治らないのなら早く連れて来ようが遅く連れて来ようが同じじゃないか。それなのに俺は、「もっと早く連れてこなければ駄目です」と叱られたのだ。俺は、「それじゃあ、先生。おっかあを早く連れてくれば、先生はおっかあの病気を治してくれたのですか」と啖呵を切りたかった。不治の病と言ったくせに、もっと早く連れてくればよかったと俺を責めて偉そうな態度をしている若い医者に文句を言いたくなったが、しかし、俺は、いばりくさっている若い医者に、

「どうもすみません」

と謝った。中卒の頭の悪い俺が頭のいい医者に文句を言うことはできない。おっかあの病気について知っているのは医者しかいないし、これからおっかあが世話になるのだから、俺は黙って医者の言うことを聞くしかなかった。俺がうつむいて黙っていると、若い医者は、俺が若い医者に叱られて落ち込んでいるとでも思ったのか、

「まあ、アルツハイマー病の症状は老人ボケと似ていますから、ボケと勘違いしても仕方がない面もあります」

と、俺を慰めた。「なあにがボケと勘違いしてだ。医者でもない俺がアルツハイマーという病気について知っているはずもないのに、アルツハイマーという病気を知っていないのが悪いことであると決めつけているあんたがおかしいんだよ、先生様よ」というセリフが俺の喉から出そうになり、俺はそのセリフを必死に押さえた。

文句を言いたいのに言えないくやしさからうつむいている俺を若い医者は俺が落ち込んでいると勘違いしているようで、あれこれと俺を励ますような話をしたが、痩せた若い医者の金属的な声は耳障りだったし、わけの分からない医学用語の混ざった話は俺にはさっぱり分からなかったから、医者の話の切れ目に、すばやく、

「おっかあを入院させたいのですが」

と俺は次の話に移した。すると医者は俺の言葉に一瞬戸惑ったが、

「入院してもいいですが、認知症のお母さんには国から補助金が出ます。ですから入院する前に介護認定審査会の要介護認定の審査を受けてください」

と、言った。

「え、国から補助金が出るのですか」

「そうですよ。知らなかったのですか」

医者は国から補助金が出るのを知らなかった俺を小ばかにしたが、そんなのはどうで

もよかった。俺は国から補助金が出ると聞いて喜んだ。

「本当に国から補助金が出るんですか」

「出ますよ。介護認定審査会の要介護認定の審査を早く受けてください」

俺はその名前を覚えようと、「カイゴニンテイシンサカイ」「ヨーカイゴニンテイ」と無意識に呟いていた。すると医者は紙に介護認定審査会と要介護認定の審査と書いて、俺に見せながら、

「お母さんは、アルツハイマー病からくる認知症です。精神病院に入院することはできますが、認知症の多くは精神病院よりも認知症専門の特別養護老人ホームに入居しています。お母さんも特別養護老人ホームに入居した方がいいと思います」

と言った。

　精神病院に入院させると給料の半分の七、八万円くらいは入院費に取られると覚悟していた。残りの十万円で生活するのはかなりきつい。家賃や電気料も払わないといけないから生活はやっていけないかもしれないが、残業やアルバイトで補えばなんとか凌げるだろうと考えていた。しかし、国が補助してくれるのならだいぶ楽になる。

「先生。国はどのくらい補助してくれますか」

と俺が聞くと、医者は苦笑しながら、

「九割負担します。あなたは費用の一割を負担すればいいです」

と説明した。俺は国が九割も負担してくれるということに驚いた。

「九割も負担してくれるのですか」
七、八万円のうち九割を国が補助してくれるのなら、俺は一万円弱だけ負担すればいい。とすると、俺の生活費は最低二十万円近くはある。贅沢しなければ楽に過ごせる。そうであるならば、もっと早くおっかあを連れてくればよかったと俺は後悔した。
特別養護老人ホームにおっかあを預ければ、おっかあの世話で難儀したり悩んだりすることがなくなる。おっかあにとっても俺が世話をするより、認知症専門の人間が世話したほうがずっといいに決まっている。俺はおっかあの心配をしなくていいし、以前の独身生活に戻れるわけだ。仕事をすることができるし、仕事が終わった後に仲間と一緒に酒が飲める。スナックで遊ぶこともできる。女とデートすることも自由にできる。俺の人生がばら色になってきた。

俺は医者の指示に従っておっかあの認知症審査を役所に申し込んだ。審査の結果、おっかあに要介護四の診断が下ったのだが、特別養護老人ホームに入居すると介護料金意外に家賃や食事代やおむつ代が出るということが分かった。家賃や食事代やおむつ代を全部含めて介護料金であると俺は思っていたがそうではなかった。家賃や食事代やおむつ代は介護料金とは別だという。介護料金は二十四万四千五百三十円でその一割の二万四千四百五十三円を負担すればいいが、家賃や食事代などが十万円で、それにおむつ代とかは別料金になっていて、あれやこれやで一ヶ月に十五万円近くかかるという。十五万円は安いほうで、二十万三十万になる特別養護老人ホームもあるという。おっかあを世話するのに介護料金が二十四万四千五百三十円でそれ以外の料金が十五万円で合計三十九万円以上もかかるという話に俺は驚いた。なぜ老人一人の世話に三十九万円以上もかかるのだ。信じられない話だ。おっかあに勉強を教えるわけではない。むつかしい治療をするわけでもない。ボケたおっかあはボケーっとして何もしないのだからほっとくだけでいい。ほっとくだけなのに介護料金が二十四万四千五百三十円というのはおかしい。介護料金はせいぜい五、六万円が妥当だ。介護料金・入居・介護料金として三十九万円ももらうのはボッタクリだ。

特別養護老人ホームに入居するには十五万円かかると知った時、俺が描いていたばら色の人生は夢と消えた。俺の給料は手取り二十万円しかない。もし、おっかあを特別養護老人ホームに入れたら、俺の給料は特別養護老人ホームの支払いで消えてしまい、俺の生活費はない。

本土に住んでいた時のように給料が三十万円以上あれば、おっかあを特別養護老人ホームに入居させても俺の生活はなんとかやっていけるが、道路工事や建設工事の臨時の仕事やさとうきびの刈り出しなどの仕事にしかありつけない俺が三十万円以上稼ぐのは不可能だった。俺は困った。おっかあを特別養護老人ホームに入れれば、俺の生活費がない。しかし、おっかあを特別養護老人ホームに入れなければ、俺は一日中おっかあの面倒を看なければならないから仕事ができないと給料をもらえない。収入がゼロになる。収入がゼロでは生きていけない。俺は、おっかあを特別養護老人ホームに入れるのも地獄、入れないのも地獄の状況に陥った。

途方に暮れた俺に生活保護を受けるように勧めたのがナエだった。しかし、生活保護を受けるのは俺にとって屈辱だった。十六歳で建設の仕事を始めた時、俺を自分の子供のようにかわいがってくれた木村親方は、「人間は仕事をして自分で稼いだ金でおまんまを食べるものだ。それが人間のまっとうな生き方だ」と何度も俺を説教した。俺は木村親方の教えを守り、一度も生活保護を受けなかったし他人の世話になったこともなかった。俺にとって父親以上の存在だった木村親方の教えを守るのが俺のプライドだったし俺の信念だった。自分の生活費は自分で稼ぐ、他人の世話になってはならないという信念を持って生きてきた俺だったから生活保護を受けることは屈辱であった。しかし、おっかあのひどくなったボケを世話しなければならない俺は生活保護を受ける以外の方法はなかった。ナエの説得に折れた俺は生活保護を受けた。

生活保護を受けた時、俺は中卒で無学であることを始めて後悔した。五年前に俺がアルツハイマーという病気について知っていて、おっかあのボケは確実にひどい痴呆になることを知っていたら、俺は懸命に働いて金を稼ぎ、おっかあを特別養護老人ホームに入れることができただろう。しかし、無学であったばかりにおっかあを特別養護老人ホームに入れることができなかったし、俺は仕事をすることができなくなり、生活保護を受けるようになった。無学でなければこんな惨めなことにはならなかった。中卒であっても十六の歳から誰の世話にもならないで生きてきたことが俺のプライドであったが、生活保護を受けた時、俺のプライドはずたずたに切り裂かれた。

タバコが吸いたくなって立ち止まり、ビニール袋からセブンスターを出し、箱を開いてタバコを取り出し口に咥えた。下を向いて歩いていた俺はタバコを吸うために真っ直ぐに立った。回りの景色が目に入ってきた。俺は驚いた。ここはどこだ。見慣れた赤瓦葺の木造の家がない。一階建てや二階建ての家は木造が当たり前だ。それなのに回りは平たい屋根のコンクリートの家だらけだ。ここはどこだ。俺はどこにいるのだ。俺は一帯を見回した。いたるところブロック塀だ。ここはどこだ。あれ、待てよ。なにかがおかしい。景色がおかしいのかそれとも俺がおかしいのか。ああ、そうだ。ここは沖縄だ。緑の濃い葉っぱの木はがじゅまるだ。ここは沖縄なのだ。本土じゃない。そうだ、俺は沖縄に帰っていたのだ。考えながら歩いているうちに俺は住み慣れた本土にいると思い込んでしまっていたようだ。景色は沖縄だ。本土とは全然違う。それなのに俺は無意識に本土にいると思っていた。俺の頭はおかしくなったのか。笑える。

それにしてもここはどこだろう。酒とタバコを買ったらアパートに帰るつもりだったのに考えながら歩いているうちにアパートからどんどん離れる方向に歩いていたようだ。アパートが見えない。ここはどこだろう。俺は辺りを見回した。どこもかしこもコンクリートの建物がぎっしりと並び、似たり寄ったりの風景であるが、あたりを見回しているうちに次第に自分のいる場所が分かってきた。ここはアパートから東側の場所だ。アパートはこの通り沿いにあるが沖縄の道路は曲がりくねっているから少し離れてもアパートが見えなくなる。アパートは向こうの少し坂道になっている緩やかなカーブを曲がって数分歩いたところにある。ここからでもアパートは見えるはずだが、道路沿いに三階立ての建物が並んでいて視界をさえぎっているからアパートが見えない。

アパートの場所は分かったが、俺の足はアパートに向かって歩こうとしなかった。アパートに体を向けると気が重くなり足が進まない。アパートに戻る気になれない俺は近くの小さな公園に向かった。公園にはがじゅまるやそうし樹やせんだんの木が植わり、ブランコや滑り台や鉄棒が昼下がりの強い日差しに照らされてまぶしく輝いていた。俺は公園の入り口で立ち止まり、公園内に人がいるか確かめた。俺は酔っ払っているし、人は俺を見て嫌がるだろう。こんな酔っぱらいは目障りだろうから公園に人がいると入らない積もりだった。公園には誰も居なかった。俺はほっとした。

俺は公園に入ると、落ち葉が散らばっている歩道を歩き、せんだん木の側にある薄汚れた白いベンチに腰掛けた。俺はポケットからタバコを出し、タバコを吸った。

タバコ一本を吸ったらアパートへ戻ろうと思っていたが、つい二本目のタバコを吸ってしまった。二本が三本。三本が四本と続いた。急に寂しくなった。本土で一緒に仕事をやった連中の顔が浮かんできた。安さんに会いたくなった。健ちゃんにも会いたくなった。てっちゃん、うめさん、シゲ坊、ロクさん、仕事仲間だった連中に会い、酒を飲んでどんちゃん騒ぎをやりたい。どんちゃん騒ぎをして鬱屈した俺の胸の内を発散したい。安さんなら俺に同情してくれるだろう。そして、「くよくよしないで頑張れ。明日があるさ」と肩を叩くだろう。てっちゃんは、『お前は甘いよ。世の中は厳しいのが当たり前だ。俺だって四郎だって皆辛いハンディーを背負って生きているんだ。俺はお前に同情しないよ。まあ、自分でよく考えて生きるんだな。今日は思いっきり飲め。明日は明日のからっ風さ。あははは」と笑いながら俺のコップに酒を注ぐだろう。競馬好きのロクさんは、「うんうん」と俺の話を聞いた後に、「ところで、明日のG1はどの馬が優勝すると思うか。俺はアスノホマレと思うなぁ」と競馬の話をするだろう。俺はロクさんに相談したのが間違っていたと後悔する。競馬かぁ。ロクさんの影響で競馬に熱中したこともあったなあ。ロクさんの予想なんて全然当たらなかったが、馬券を買って、予想が当たるかもしれないと期待しながら馬が走っているのを見ている時の興奮は最高な気分だった。

いつのまにか俺の目から涙が流れていた。昔の仲間に会いたいのに会えない。昔の仲間と仕事をやりたいのにできない。俺がかわいそうになった。せつなくて胸が締め付けられた。涙が止まらない。俺の口から嗚咽が洩れた。なんてことだ。中年の男が公園のベンチで一人で泣いているなんて。恥ずかしいことだ。惨めだ。公園の入り口のほうから声が聞こえてきた。五、六人の少年たちが公園に入って来た。少年たちは広場で声を掛け合いながらサッカーボールを蹴って遊び始めた。公園が子供たちの声で賑やかになってきたので、涙は止まり、昔の仲間への想いも子供たちの声にかき消されていった。心が落ち着いてきた俺は立ち上がりアパートへ向かった。

二

「・・・・・・」。女の甲高い声が聞こえた。かなり遠い所から聞こえてきたような気がした。「・・・・・・」。声が近くになった。女のヒステリー声のようだ。「なんですか、これは」。声がすぐ近くから聞こえた。怒っている声だ。俺は重たい瞼を開けて、声のするほうを見た。四十代の見たことのある女が俺を睨んでいた。「なんですかこれは」　毎週日曜日の朝にやってくるホームヘルパーが私に怒鳴っていた。俺が起きたことを知ったホームヘルパーは俺の隣を指さして、「なんですかこれは。人権蹂躙です」と怒鳴った。起きたばかりの俺はホームヘルパーが怒っている理由が分からなかったが、ホームヘルパーがおっかあを指さしているので、ホームヘルパーが怒っている理由がすぐに分かった。俺は俺の失態に気づき急いで起き上がった。「自分のお母さんを縛るなんてどういうことですか。信じられない。早く紐を解いてください」　俺は慌てておっかあの足を縛っている紐をほどこうとしたが、明け方までスナックで酒を飲んだせいで、意識が朦朧として紐の結びを解くことができなかった。

「認知症だからといって自分のおかあさんを縛るなんて信じられない。まともな人間のすることではありません。これは虐待です。人権蹂躙です」　ヒステリーのホームヘルパーは俺を甲高い声で叱り続けた。

頼んでいるホームヘルパーは毎週日曜日の午前九時に来る。俺はストレス解消のために月に一、二度は土曜日の夜にスナックに行くようにしているが、その時はおっかあが暴れたり外に出て行かないように足と手を縛ってから出て行く。スナックから帰ってきたらおっかあの手足を縛っている紐をはずしてから寝るようにしているが、昨夜行ったスナック幸のマユが俺好みの女だったので、俺は上機嫌になり、マユとカラオケでデュエットしたりチークダンスを踊ったりして明け方まで酒を飲んで泥酔してしまい、おっかあの手足を縛ってある紐をはずすのを忘れて寝てしまった。

俺は紐をばすしながら、「すみません」を連発した。紐をはずし、傷をつけないように足に巻いてあるバスケットタオルを取った。俺が紐を外すと、「かわいそうに。紐で縛られて怖かったでしょう」と言いながらホームヘルパーはおっかあの手足をマッサージした。「もう一度こんなことをしたら、老人虐待で警察に訴えますからね」とホームヘルパーは俺に忠告してから、おっかあを風呂場につれていった。

ホームヘルパーはおっかあを浴びせて食事をさせると帰った。帰る前に俺は三十分もホームヘルパーに説教された。「あなたを産んで大事に育ててくれたおかあさんをどうして縛ることができるのですか。その気持ちを聞かせてください」と言ったので、おっかあは俺を大事に育てたことはない。俺は十六の歳からおっかあの世話を受けていないと言い返したかったが、そんなことを言えば、「恩知らず」と罵られるような気がしたので、俺は、「すみません」を繰り返すしかなかった。ホームヘルパーが、「おかあさんを愛していないのですか」と言ったのだが、俺がおっかあを愛しているのかどうかはよくわからないので「分からない」と言いたかったが、「分からない」と言えば「あなたは愛のない冷たい人です」と睨まれそうだったので、俺は「愛しています」と答えた。「おかあさんを愛しているのなら手足を縛ることができるはずがありません」とホームヘルパーは言い、「夜はいつも縛っているのですか」と訊いた。スナックに行く時だけおっかあを縛っているが、そんなことを言ったら、「酒を飲んで飲み屋の女と遊ぶためにお母さんを縛るのですか。最低の人間です。信じられない。」あなたは鬼です」とホームヘルパーがヒステリーになるかも知れないので、俺は「今日が初めてです」と答えた。するとホームヘルパーの目が一瞬光り、「本当ですか」と俺を睨んだ。俺の嘘を見抜いたような鋭い眼光に俺はひるんだが、「ほんとうです」と答えた。「なぜお母さんを縛ったのですか」とホームヘルパーが聞いたので、「おっかあが暴れたからです。大人しくするように説得しましたがおっかあは聞き入れてくれませんでした。騒いだら隣に迷惑かけます。だから仕方なく縛りました」と俺は嘘をついた。ホームヘルパーのヒステリーは治まり、「でも、縛るのはよくありません。どうもすみません」と深々と頭を下げた。「お母さんを二度と縛らないでください」と言ったので、俺は「虐待です。今後は絶対におかあさんを縛らないと約束しますね」とホームヘルパーは言ったが、俺はおっかあを二度と縛らない約束はできないので、「本当にすみませんでした」と何度も平謝りを繰り返した。「いいですね。お約束しましたよ」とホームヘルパーは念を押したが、俺は約束をすることはできなかったから、「本当にすみませんでした」と返事した。ホームヘルパーは俺が約束したと勘違いして帰っていった。

俺は働き盛りの男だ。そんな俺が痴呆のおっかあを介護をしている。おっかあの介護はストレスが溜まる。俺は男だ。男のストレスを解消するにはスナックで酒を飲み、女と遊ぶことだ。だから俺はスナックに行くためにおっかあを縛るしかなかった。そんな俺の事情も知らないホームヘルパーが俺を説教するのには頭にきた。そんなに俺を責めるのなら、お前が俺と一緒に朝まで酒を飲み、話をしたりチークダンスを踊ったりしてくれるかと言いたくなった。俺に説教するのは止せ。俺は男だ。女と酒を飲んで語らい、チークダンスを踊りたくなるのは男の本能だ。なにが悪い。くそヘルパーめ。ごちゃごちゃ言うのなら、二度とお前にヘルパーは頼まないぞ、と言いたかった。しかし、ホームヘルパーに頼らなければならない俺は、「どうもすみません」と平謝りをするしかなかった。

三

おっかあはあと何年生きるのだろう。三年か。五年か。十年か。・・・十年以上は生きるだろうな・・・俺はあと十年以上もこんな惨めで自由のない生活を続けなければならないのだろうか。十年後の俺は五十八歳だ。五十八歳になって自由になってもなにができるというのだ。俺は俺の人生が駄目になっていくのを眺めながら生きていくのか。俺の人生はボケのおっかあの介護生活で終わるのか。おっかあが死ぬ頃に、俺もボケ老人になっているのだろうか。俺は俺の幸せを求めて生きる権利がある。俺だけがなぜこんな惨めな生き方を強いられるのだ。おかしい。この世はおかしい。なにかが間違っている。

四

突然、どうしようもない虚しさが込み上げてきた。俺はどうしようもない惨めな生活を送っている。俺はこんな惨めな人生を送るために生まれてきたのだろうか。こんな生活は最低だ。こんな生活は嫌だ。俺は仕事をやらなくてはならない。自分の生活は自分が稼いだ金でやっていかなければならない。しかし、俺は仕事をしていない。生活保護を受けている。「人間は仕事をして自分で稼いだ金でおまんまを食べるものだ。それが人間のまっとうな生き方だ」という木村親方の教えを俺は破っている。恩になった親方の教えを破るなんて俺は最低の人間だ。今のままでは駄目だ。仕事をしなければならない。しかし、この部屋にいては仕事をすることができない。この部屋は牢屋だ。おっかあはこの部屋を俺の牢屋にしている。牢屋に閉じ込められておっかあを世話する生活はこりごりだ。俺はこの牢屋からを出て行こう。俺はこの部屋から俺を解放する。俺は自由になる。俺はこのアパートを出て行く。

おっかあは寝ていた。俺は静かにドアを開け、外に出た。アパートの鍵はもう要らない。鍵は郵便受けに入れておこう。二度とおっかあの居るアパートに俺は戻らない。俺は俺の場所に戻る。生きたいように生きる場所に戻る。

アパートから出ると、心の鬱屈が空中に飛び散って、晴れ晴れとした気持ちになった。風景が一変した気がする。俺は歩く。一歩一歩が新鮮に感じる。俺は住み慣れた本土に戻る。本土に戻ったら仕事を見つける。俺の使う金は俺の腕で稼ぐ。「自分の稼いだお金でおまんまを食べる」というのが、西も東も分からない中卒の俺を可愛がってくれた木村親方の教えだ。「自分の稼いだお金でおまんまを食べる」は俺の座右の銘だ。自分の生活費は自分で稼ぐ。それを守らなければ、俺は人間ではない。人間のくずだ。俺は人間のくずの生活から抜け出す。

俺は那覇空港に行って飛行機に乗り本土に渡る。本土に渡ったら金を稼いで、稼いだ金でおまんまを食べて、自由気ままに生きる。女を見つけよう。恋をしよう。結婚しよう。結婚して子供が生まれたら、平凡な家庭生活をしよう。平凡な家庭生活も悪くない。これからの俺は俺のために生きる。おっかあのために生きるのは終わりだ。心が晴れ晴れとしてきた。おっかあには悪いが、俺はおっかあの奴隷にはなれない。俺は自由が欲しい。俺の幸せが欲しい。おっかあの介護人生は俺の不幸だ。ボケのおっかあには幸せも不幸も感じることができない。ボケていない俺は幸せと不幸を感じることができる。だから、俺には不幸を避けて幸福を求める権利がある。これからの俺は俺の幸福を求めて生きるんだ。仕事を探して、金を稼いで、金を自由に使って幸福を味わうのだ。さよならおっかあ。もう、おっかあの世話を俺はやらない。鉛のように重かった頭が羽のように軽くなっていく。

俺はバス停留所に向かって歩き続けた。本土に戻れると思うと心が浮き浮きしてくる。本土に戻ったら思いっきり働いて思いっきり遊ぼう。一日中家の中に閉じこもっているのは俺の性に合わねえ。大阪へ行こう。名古屋へ行こう。とにかく本土に行って五年前と同じ生活に戻るのだ。十六の歳から俺は一人で生きてきた。俺は俺の生活を取り戻すのだ。

俺はバス停留所に向かって歩き続けた。灰色のブロック塀が続く道路を歩き、緩やかな坂を下り、信号灯のある横断歩道を渡り、花屋や印鑑屋や雑貨屋や文房具屋や自転車屋の前を通り、俺は歩き続けた。腰を曲げゆっくりと歩いている白髪の老婆とすれ違った。靴屋の前でぼんやりと座っている白髪の老婆の側を通り過ぎた。反対側の歩道で腰を曲げビニール袋を抱えてしんどそうに歩いている老婆が見えた。やけに老婆が目に付く。こんなに次から次へと老婆を見てしまうと、頭の中から消そうとしているおっかあのことが浮かんできてしまう。今頃おっかあはどうしているだろうか。起きてテレビを見ているのだろうか。それともまだ寝ているのだろうか。それとも部屋の中をうろうろ歩き回っているのだろうか。俺がアパートから出て行ったことは誰も知らない。部屋の中にはおっかあ一人しかいないことを誰も知らない。もし、誰も玄関のドアを開けなければおっかあはどうなるのだろうか。おっかあはそのまま部屋の中で飢え死にするのだろうか。いやそうじゃない。人間は腹が減ったら食い物を探す。おっかあだって人間の本能はあるはずだから、腹が減ったら食い物を捜し求めて歩き回り、自分でドアを開けて外に出て行くだろう。誰かがおっかあを見つけて、アパートに俺は居ないから、おっかあを警察に連れて行くだろう。警察からどこに連れて行くか知らないが、飯は誰かがあげるだろう。おっかあが餓死することはない。おっかあはなんとか生きていく。しかし、今のおっかあにドアを開ける知恵はあるだろうか。気になる。もしかしたら、ノブを回してドアを開ける知恵がないかもしれない。ドアを叩いて外に訴える知恵も今のおっかあにはないかもしれない。腹の減ったおっかあは部屋の中をよろよろと歩き回るだろう。自分で食べる能力がないおっかあは食べ物をくれる俺を探して、「うう、うう」と呻きながら歩き回るだろう。食べ物をあげる俺がいない部屋で次第に体が弱っておっかあは動けなくなる。床にへたり込んで、「うう、うう」と呻きながら俺が現れるのを待つ。おっかあは衰弱していき、そして、死んでいく。おっかあは何日で餓死するだろう。三日くらいは持つだろうか。しかし、一週間は持たないだろう。そのまま放っておくとおっかあは餓死するかも知れない。

ああ、おっかあが餓死していく様子をイメージしてしまった。どうしよう。なんだか、歩く元気がなくなった。気が重くなってきた。足が重く感じる。駄目だ駄目だ。おっかあを餓死させるのは駄目だ。そうだ、ナエに電話しよう。ナエに電話して、俺がアパートを出たことを告げ、おっかあがアパートに一人でいることを伝えよう。ナエは慌てておっかあの所に行くだろう。ナエに電話しよう。しかし、俺がおっかあを部屋に残してアパートを出たと知れば、ナエはとても悲しむに違いない。そして、

「おにいちゃん。アパートに帰って。お願い」

と泣きじゃくるだろう。俺はナエの悲しみを振り切ることができるだろうか。いや、振り切らなければ俺の自由を手にすることができない。俺はおっかあの呪縛から抜け出すのだ。俺は本土に戻る。十六の時から始まった俺の生活に戻る。俺はおっかあに束縛されない自由な人間になるのだ。俺は俺流の人生を生きるんだ。俺はおっかあのためには生きない。俺は俺のために生きる。

おっかあがおろおろと部屋の中を歩き回る姿が俺の頭から離れない。「おにいちゃ

ん、帰ってきて」と泣きながら訴えるナエの顔が頭から離れない。純真で俺を兄として信頼し慕っているナエ。俺がいなくなれば、ナエがおっかあの世話をすることになる。ナエは赤ちゃんと三人の子供を抱えている。夫のタクシー稼業は厳しくて、給料は安い。ナエはぎりぎりの生活をしている。狭いアパートに痴呆のおっかあも一緒に住むとなると悲惨だ。ナエは赤ん坊をおんぶしながら花屋でパートをしているが、おっかあの面倒を看ることになればパートができなくなる。パートができなくなればますます貧乏な生活をしなければならない。それに赤ん坊と三人の子供の世話をしているナエが痴呆のおっかあの面倒を看るようになれば、ナエは大変だ。ナエの体が持たないだろう。おっかあと一緒に住むと、ナエの家庭は破滅する。駄目だ。ナエにおっかあの面倒を看させることはできない。くそ。くやしいが、俺がおっかあの面倒を看なければならない。おっかあを餓死させないために。ナエの家庭を破滅させないために。俺はアパートに戻らなければならない。

俺の足は止まった。止まった途端に気持ちが重くなり、来た道を振り返ることも前に進むこともできなかった。回れ右をして後ろを振り向けば、来た道を引き返しおっかあのいるアパートへ戻っていくことになる。そのまま前に歩けば俺は自由になれる。自由になりたい心とおっかあの世話をしなければならないと思う心が俺の内で睨み合った。二つの心は睨み合っていたが、ナエとおっかあ二人の重さに俺の自由になりたいという心は勝てなかった。俺の心の底にはおっかあを見捨てることに罪悪感があったし、ナエの家庭を破滅させてはいけないという気持ちがあった。アパートに帰れば惨めな奴隷生活になると分かっているのに、俺は回れ右をした。俺の心は暗く沈み、憂鬱になった。足は重たくなった。それでも俺の足は歩き始めた。俺はアパートに帰る。アパートに近づくにつれてため息が俺の口から何度も洩れるようになった。

五

自分で食事ができなくなったおっかあの口に飯を入れ、おしめを替え、トイレに連れて行って糞をさせ、体を浴びせ、突然暴れるおっかあを押さえつけておとなしくさせ、喚くおっかあを「黙れ黙れ」と口を押さえる。これが四十八歳の働き盛りの男がやることか。なぜ、俺はこんな生活を送らなければならないのだ。なぜだ。なぜだ。

六

認知症のおっかあと一緒に暮らしているだけでなぜ俺の自由がなくなるのだ。なぜ俺の自由が奪われなければならないのだ。奇妙だ。俺には理解できない。俺は魔物の世界に入り込んでしまったようだ。

七

酒が切れた。ヨシばあさんの商店に酒を買いに行かなければならない。立ち上がり、おっかあに、「大人しくテレビを見ておけよ」と言い、玄関に向かった。運動靴を履き、ドアのロックをはずし、ノブを回そうとしたが、手が止まった。ドアの外に人の気配がする。音は聞こえないが確かに人の気配がする。耳を澄ました。ドアの外から物音は聞こえなかった。ドアを開けようかどうか迷った。もしかすると、ドアを開けた瞬間に正体不明の男が立っていて俺を捕まえるかもしれない。正体不明の男が俺を捕まえる理由は知らない。理由は知らないが正体不明の男に俺は捕まる予感がする。ドアの外は物音が全然しないからドアの外に誰もいないかもしれない。のぞき穴から外を見た。誰も見えない。しかし、安心はできない。のぞき穴の死角に男は潜んでいるかもしれない。外に出るのが怖い。しかし、酒を買わなければならない。勇気を出して玄関のドアをゆっくりと開けて外を覗いた。すると隣の部屋に人の影がすーっと入りドアが音もなく閉まったような気配がした。隣の部屋を見た。隣の部屋のドアはなにごともなかったように閉まっている。俺は隣の部屋に男が入っていくのを見てはいないし、ドアがしまる瞬間も見てはいないが、何者かが部屋に入っていく気配を感じた。錯覚ではない。

正体不明の男に見張られているから外に出るのは怖い。最悪の場合、誘拐されるかもしれない。しかし酒を飲みたい。酒を買わなければならない。誰かに見張られているというのは勘違いかも知れないのだから、俺は勇気を出してドアを開けてアパートの廊下に出た。できるだけ顔を動かさないようにして廊下の左右を見た。誰もいなかった。でも、左右を見る寸前に二軒隣の部屋のドアが音もなく閉まったような気がする。あの家は若い夫婦が住んでいるが、二人とも昼間は働いていて、部屋には誰もいないはずだ。おかしい。俺を見張っている男が合鍵を使って入ったかもしれない。あの部屋の中には俺を見張っている男が潜んでいる。あの部屋の前を通ったら突然ドアから男が出てきて、俺を部屋の中に引きずり込む予感がする。あの部屋の前を通るのは怖い。しかし、一階に下りるにはあの部屋の前を通らなくてはならない。俺はゆっくりと進んだ。ドアの前を通る時は最高に緊張した。わーっと叫びそうになった。幸いなことに正体不明の男は出てこなかった。胸をなでおろしアパートの階段を下りた。一階に降りると、正体不明の男はすでに一階に下りていてアパートの角に隠れた。道路を渡り、ヨシばあさんの商店に向かって歩いた。アパートの角から飛び出した男が道路を渡った気配がした。振り返った。すると、俺が見るより一瞬早くその男はブロック塀に隠れた。俺を尾行している男は何者なのだ。どうして俺を見張っているのだ。

俺は急いでヨシばあさんの商店に向かった。

がたがたと音を立てて戸を開けてヨシばあさんの商店の中に入った。ヨシばあさんは嫌な顔をして黙って俺を睨んでいる。ヨシばあさんは酒の臭いをかき消すように手を鼻の辺りで振った。俺は酒とタバコを買ってヨシばあさんの商店を出た。

商店を出ると俺を見張っている男が電信柱に隠れる気配を感じた。俺は電信柱を見た。男は完全に電信柱に隠れて、電信柱からはみ出している部分はひとつもなかった。一見すると電信柱に人が隠れているようには見えないが、確実に電信柱に男が隠れている。俺は困った。アパートに帰るにはあの電信柱の側を通らなければならない。しかし、電信柱に近づいた瞬間に男に襲われるだろう。どうしよう。進めなくなった俺は角度を変えて電信柱を見つめ、電信柱に隠れている男を見つけようとしたが、角度を代えても男を見つけることはできなかった。もしかすると男は電信柱に隠れていないかもしれない。俺は勇気を出して電信柱に恐る恐る近づいていった。しかし、暫く進んで俺の足は止まった。男が電信柱に隠れて待ち伏せして、俺を捕まえようとしている気配をひしひしと感じる。これ以上進むことは危険だ。俺は電信柱の側を通ってアパートに戻るのをあきらめ、遠回りをしてアパートに戻ることにした。回れ右をして電信柱を背にして歩くと、男が電信柱から飛び出して襲い掛かってきそうなので、俺は電信柱を見ながらゆっくりと後ずさりした、ブロック塀を触りながらしばらく後ずさりして、電信柱から数十メートルほど離れてからゆっくりと回れ右をした。俺は何度も後ろを振り返りながら歩いた。電信柱から男は出てこなかったが、しばらく進むと道はゆるやかなカーブになり電信柱が見えなくなった。電信柱が見えなくなったので俺は急ぎ足になった。前だけを向いていると男が追いかけてきて俺の肩を掴む恐怖に襲われる。俺は何度も後ろを振り向いた。俺が振り向く寸前に男は電信柱やブロック塀や木に隠れた。大通りに出た。車が通っている。人も歩いている。大通りで俺を捕まえることはしないはずだ。俺はほっとした。ほっとした途端に頭がくらくらしてきた。急いで歩いたせいだ。足がもつれそうになる。道路の端に座って休憩したいが、男に追いつかれてしまう。俺は歩き続けた。二つの十字路を過ぎ、三つ目の十字路に着いた。左折すればアパートに通じる道路に入る。俺は後ろを振り向いた。男はすばやく美容室の建物に隠れたようだ。俺は十字路を渡り左折した。俺は渡ってきた十字路を横目で見ながら歩いた。すると男が十字路に現れた。俺はぞっとした。赤信号なので男は立ち止まっている。男は尾行していることを俺に気づかれないために俺を一度も見なかった。走って逃げたいが俺の足は疲れ果てて歩くのがやっとだ。信号が青になり男が十字路を渡ってきた。やばい。捕まる。俺は必死に歩いた。十字路を渡った男は十字路を渡るとまっすぐ歩いていき、視界から消えた。十字路の男は俺を尾行している男ではなかったようだ。俺はほっとした。ほっとしたが、俺を尾行している男がどこに隠れて俺を見張っているか気になり、不安になった。俺はアパートに急いだ。歩くのがやっとだ。俺は懸命に歩き続けた。駄菓子屋を過ぎるとアパートは直ぐそこだ。後ろを振り返らないで歩いていると、男が後ろから迫ってきて俺を捕まえる恐怖があるが、俺には後ろを振り返る余裕はなかった。男に捕まえられる恐怖に襲われながら歩きつづけて俺はアパートにたどり着いた。男はどこにいるだろう。すぐ後ろにいる恐怖に襲われている俺だったが、疲れ果てて歩くこともできなくなり、アパートの壁に寄りかかった。恐る恐る後ろを見た。幸いなことに男はいなかった。男は近くに潜んで俺を襲うチャンスを狙っているだろう。急いで部屋に行かなければ危ない。俺はアパートの階段を一階から二階に上った。階段を一段一段上るのがやっとだ。二階から三階に向かった。手すりに腕をかけ、階段を一段一段上った。最後の気力をふりしぼり俺は三階まで上った。廊下を歩き、部屋にたどりついた。ほっとすると、心臓がどくんどくんと激しい鼓動を打っているのに気づいた。汗が体中から吹き出ている。ふらふらになりながら俺は部屋のドアを開けて中にはいった。やっとのことで部屋に戻った俺の目の前におっかあが立っていた。おっかあから糞のにおいがした。おしめを替えなければならない。しかし、疲れ果てている俺は動くことができないで玄関のドアによりかかった。おっかあは黙って立っていたが、暫くするとおっかあのほうに歩いていった。「おっかあ、待って」俺はおっかあを追っていき、おっかあの脇を掴んで、酒とタバコの入ったビニール袋をテーブルに置いてから、おっかあを居間に連れて行って横にさせると紙おむつを取り替えた。喉が渇いた。シャワーを浴びて疲れた体を休ませるより、喉の渇きを潤すために酒を飲むのが先だ。俺は五〇〇ミリボトルをビニール袋から取り出して蓋を開け、酒をコップの半分ほど注いだ。冷蔵庫に行き、上の冷凍庫を開いて氷を一個掴みコップに入れた。冷凍庫の蓋を閉め、冷蔵庫の隣にある流し台で水道の蛇口をひねり、コップの縁ぎりぎりまで水を入れた。コップを口に持っていってコップの縁ぎりぎりの酒を飲んでからテーブルに戻った。おっかあはテレビを見つめている。俺は酒を飲み始めた。

八

おっかあは生きていて死んでいるようなものだ。死んでいるようなおっかあは俺の自由を奪うために生きている。なぜおっかあに俺の自由を奪う権利があるのだ。おかしい。この世はおかしい。なにかが狂っている。

九

おっかあは痴呆のまま生きているのに疑問は感じないのか。おっかあは死んでいるのも同然な生き方をしていて平気なのか。自分が痴呆であるのに平気でいるおっかあが信じられない。

十

今のおっかあは生きる屍だ。生きる屍が空気を吸っている。俺は生きる屍の口に食べ物を入れる。俺は生きる屍のおしめを替える。俺は生きる屍を風呂場で浴びせる。生きる屍はおっかあなのか。おっかあは生きる屍なのか、

十一

俺はおっかあの奴隷だ。惨めな奴隷生活で俺の心はボロボロだ。奴隷から解放されたい。普通の生活をやりたい。涙が流れる。なぜ涙が流れるのかを考える気にもならない。流れるなら流れるままにしたらいい。胸が締め付けられる。息が苦しくなる。あわれな奴隷の俺。

十二

「・・・・・・」

俺を見張っている男がぼそぼそと話すようになってきた。声は小さく何を話しているか分からない。俺に話しているのか、独り言なのかわからない。

「・・・・・・」

玄関のドアの外から聞こえてきた。俺は覗き穴からぼそぼそ話す男を探した。しかし、

覗き穴から見つけることはできなかった。俺が覗き穴から男を捜していると、ベランダの方から男の声が聞こえた。

「・・・・・」

ベランダを見たが男の姿は見えない。ベランダの隅に男は隠れているのだろう。俺はベランダのほうにゆっくり近づいた。男に襲われるかも知れないのでベランダの戸を開けないで外を見た。ベランダのどこにも男の姿はなかった。

「・・・・・」

ベランダとは違うほうから声が聞こえる。どこから聞こえてくるのか分からない。部屋の外から聞こえてくるようだが、玄関のほうではないしベランダのほうでもないようだ。天井からなのか壁からなのかはっきりしない。男の声はどこから聞こえてくるのか分からない。俺は声の主を捜すことをあきらめて酒を飲んだ。

「・・・・・」

暫くすると、トイレのほうから男の声が聞こえてきた。いつのまに部屋の中に侵入してきたのだろう。俺はあわもりの５００ミリボトルを掴んでゆっくりとトイレに近づいた。５００ミリボトルを振り上げながら、「誰だ」とトイレの中の男に向かって叫んだ。しかし、トイレの中の男はぶつぶつ話すだけで俺の声に反応しなかった。「誰だ」　俺は再び叫んだ。トイレの中から反応はなかった。「開けるぞ」　俺はゆっくりとトイレのドアを開いた。トイレを覗くと、驚いたことにトイレには誰も居なかった。男はトイレから消えていた。男はどこに移動したのだ。「・・・・・・」男の声が聞こえた。しかし、どこから声がするのか分からない。離れた場所から聞こえるようであるが俺の背中のすぐ後ろから聞こえるようでもある。俺は怖くなってきた。落ちつくために俺は酒を飲んだ。「・・・・・・」意味不明の男の声は消えない。男は一体何者なのだ。「・・・・・・」男の声は小さくて言葉がはっきりしない。なんと言っているのだ。どこから聞こえてくるのだ。俺は耳を澄ました。「・・・・・・」男の声は箪笥の隙間から聞こえてきた。箪笥の隙間に隠れているな。俺は箪笥に近づいた。「・・・・・・」俺は箪笥の隙間を覗いた。しかし、男の姿はなかった。すばしこい奴だ。「・・・・・・」どこから聞こえてくるのだ。「・・こ・・・・」押入れの中か。「・・・ろ・・・」それとも箪笥の中か。「・・・・・せ・・」冷蔵庫の中か。「・・こ・・・・」どこに居るのだ。天井裏か。「・・・・ろ・・・」どこから聞こえるのだ。「・・・・せ・・」電気コタツの下か。「・・・・こ・ろ・せ・・・」え、なんだって。はっきりとはしないが言葉が聞こえた。「・・・・こ・ろ・せ・・・」え、ころせだと。はっきりしない。俺は耳を澄ませた。「・・・・こ・ろ・せ・・・」はっきり聞こえた。「ころせ」だ。俺には「ころせ」と聞こえた。「ころせ」とは「殺せ」か。俺は耳を澄ませた。「・・・殺・せ・・・」あ、やっぱり、「殺せ」だ。抑揚のない重たい不気味な声だ。「・・・殺・せ・・・」一体どこから聞こえるのだ。「・・・殺・せ・・・」天井から聞こえてくる。天井裏に男が潜んでいるのか。おい。お前ば何者だ。顔を見せろ。い、いや。怖い。顔を見せるな。こ、ここから居なくなれ。「・・・殺・せ・・・」　声は天井からではない。壁から聞こえる。隣の人間の声か。いや、隣は中年の女と小学生が住んでいる。男の声が隣から聞こえてくるはずはない。それとも、女に彼氏ができたのか。その彼氏がしゃべっているのか。　「・・・殺・せ・・・」　殺せだと。なんて恐ろしいことを言うのだ。あれ、声は反対の壁から聞こえる。反対の部屋には老夫婦が住んでいる。隣の老人の声とは違う感じがする。一ヶ月に一回やって来る隣の老夫婦の息子の声なのか。息子の声は何度か聞いたことがあるが、息子の声とは違う。　「・・・殺・せ・・・」　今度は天井から聞こえた。男は天井に潜んでいる。おい。ぶっそうな声を出すのは止めろ。恐ろしいことを言うな。　「・・・殺・せ・・・」　うわー。トイレだ。男がトイレに入っている。いつの間に、トイレに入ったのだ。　「・・・殺・せ・・」　恐ろしい声を出すのは止めろ。出て行け。この部屋から出て行くんだ。　「・・・殺・せ・・・」　うるさい。出て行け。あれ、居ない。勇気を出してトイレのドアを開けたら声の主は消えていた。どこに消えた。男はどこに行ったんだ。　「・・・殺・せ・・・」　あ、天井から聞こえてきた。男はトイレから天井裏に移動した。　「・・・殺・せ・・・」　恐ろしいことを言うのは止めろ。駄目だ。耳を塞いでも声ははっきり聞こえる。頭が痛い。　「・・・殺・せ・・・」　殺せだと。俺に人殺しをやれというのか。そんな恐ろしいことは俺にはできない。　「・・・殺・せ・・・」　お前は何者だ。正体を言え。「・・・殺・せ・・・」　俺に人殺しを命令しているのか。冗談は止せ。俺に人殺しはできない。「・・・殺・せ・・・」　誰を殺すんだ。俺に誰を殺せと言うのだ。「・・・殺・せ・・・」　ここにはおっかあしかいない。まさか、俺におっかあを殺せと言うのか。おっかあが死ねば俺はおっかあから解放されて自由になる。おっかあが死ねば俺は楽になる。おっかあが死んでくれることが俺に幸せをもたらしてくれる。しかし、おっかあを殺すことは俺にはできない。おっかあだけではない。俺には人殺しなんかできない。俺は殺人犯にはなりたくない。「・・・殺・せ・・・・」　止めろ。さっさと天井裏から去れ。「・・・殺・せ・・・殺・せ・・・殺・せ・・・殺・せ・・・」　天井裏だけではなく、右の壁からも左の壁からも、トイレからも、ベランダからも聞こえてきた。耳をどんなに強く抑えていても恐ろしい声は鮮明に聞こえてくる。止めろ。止めてくれ。ううー、頭が痛い。吐き気がする。押入れに隠れようとしたら押入れからも聞こえてきた。お前は何者だ。「・・・・殺・せ・・・・」　誰を殺すのだ。この部屋にはおっかあしかいない。俺におっかあを殺せというのか。そんなことできるはずがない。お前は何者だ。声が低くて不気味な声だ。悪魔か。お前は悪魔なのか。悪魔がおっかあを殺せと俺に命令しているのか。嫌だ。俺は悪魔の手先にはなりたくない。おっかあを殺すなんて、俺にはできない。「・・・殺・せ・・・」　悪魔の声にしては、どこかやさしさを含んでいる声だ。もしかしたら、お前は神さまか。人間ではなくなったおっかあを哀れんで、おっかあをあの世に連れて行こうとしているのか。　「・・・殺・せ・・・」そうなのか。おっかあをあの世に連れて行きたいから、俺におっかあを殺せと命令しているのか。　「・・・殺・せ・・・・」　冷酷な声だ。神様の声は冷酷ではないはずだ。声は神様ではない。悪魔なのか。悪魔が俺を母親殺しの重罪人にしようとしているのか。抑揚のない冷酷な声だ。悪魔ではないような気がする。悪魔の声ならもっと不気味で意地悪な声であるはずだ。　「・・・殺・せ・・・」　誰だ。お前の正体を明らかにしろ。　「・・・処刑しろ・・・」　え、処刑だって。おっかあを処刑するのか。なぜおっかあを処刑するのだ。　「・・・死・刑・・・」　え、おっかあは死刑なのか。なぜ、おっかあが死刑なのだ。天井裏の男は　「・・・殺・せ・・・」と命令する。壁の男は　「・・・処刑しろ・・・」と命令する。ベランダの男は　「・・・死・刑・・・」と呟いている。殺せ、処刑しろ、死刑だのの声が部屋の中で渦巻いている。耳を押さえても聞こえる声。恐ろしい声に包囲されて俺はうずくまった。「・・・・・・・・」　声が小さくなった。　「・・・執・行・し・ろ・・・」　小さな声だが執行しろと聞こえた。執行しろだと。執行しろとはどういうことだ。「・・・死刑・・・」　「・・・執行しろ・・・」　死刑だって。執行しろだって。「・・・死刑・・・執行しろ・・・」　死刑執行しろだって。おっかあを死刑執行しろというのか。死刑執行しろと命令するということは、もしかすると、お前は国か。国が俺に、おっかあを死刑執行しろと命令しているのか。「・・・死刑・・・執行しろ・・・」　なぜ、国はおっかあを死刑にするのだ。「・・・死刑・・・執行しろ・・・」どうしてだ。「・・・死刑・・・執行しろ・・・」

ああ、分かった。分かったぞ。国がおっかあを死刑にする理由が分かったぞ。おっかあは国にとって用なしと判断したのだな。どうだ、図星だろう。おっかあが生きている間は俺は働くことができない。俺は生活保護を受けて国の税金を使わなければならない。おっかあがいなくなれば、俺は仕事をして税金を納めることになる。おっかあが生きているのは国にとって大損になる。だから、おっかあに死刑判決を下して、おっかあを抹殺しようとしているのだな。そうだろう。国の魂胆がわかった。「・・・死刑・・・執行しろ・・・」　嫌だ。俺はおっかあを殺すことはできない。「・・・死刑・・・執行しろ・・・」　嫌だ。俺はおっかあを殺さない。「・・・死刑・・・執行しろ・・・」　嫌だ。嫌だ。俺はおっかあを殺さない。国の言いなりにはならない。「・・・死刑・・・執行しろ・・・死刑・・・執行しろ・・・死刑・・・執行しろ・・・」

うう、頭が痛い。四方八方から脅迫の声が聞こえる。国よ。俺に命令するのは止めろ。うう、頭が痛い。頭がぐるんぐるんする。吐き気がする。「・・・死刑・・・執行しろ・・・死刑・・・執行しろ・・・死刑・・・執行しろ・・・」

俺にはおっかあを殺す勇気はない。俺にはおっかあを殺せない。俺はおっかあから逃げることができない。「・・・死刑・・・執行しろ・・・死刑・・・執行しろ・・・死刑・・・執行しろ・・・」　俺はおっかあが死ぬまでおっかあの奴隷だ。俺はおっかあを殺すことはできない。俺は殺人者にはなりたくない。俺は犯罪者になりたくない。「・・・死・刑・執・行・人・は・殺・人・者・で・は・な・い・・死・刑・執・行・人・は・犯・罪・者・で・は・な・い・・勇・気・を・出・せ・・・」 え、俺は死刑執行人なのか。 「・・・死・刑・執・行・人・は・犯・罪・者・で・は・な・い・・勇・気・を・出・せ・・・」 死刑執行人は犯罪者じゃないのか。勇気を出せというのか。 「・・・死・刑・執・行・し・ろ・・・」 うう、頭が割れるようだ。俺はどうすればいいのだ。「・・・死・刑・執・行・人・は・犯・罪・者・で・は・な・い・・勇・気・を・出・せ・・・」 苦しい。頭が痛い。「・・・死・刑・を・執・行・し・ろ・・・勇・気・を・出・せ・・・」 俺はどうすればいいのだ。

国は、死刑執行人は犯罪者じゃないと言っている。おっかあは国が死刑判決を下した死刑囚であり、俺は国から死刑執行人に任命されているようだ。俺は、拘置所の死刑場で死刑を執行する人間と同じ死刑執行人であり、おっかあを死刑執行するということは俺がおっかあを殺すのではなく、国がおっかあを殺すということだ。死刑執行人に殺人の罪はないと国は断言している。おれはおっかあを殺すのではない。死刑囚に死刑を執行するだけのことなのだ。俺がおっかあを殺すのは国の命令なのだ。国にはおっかあを死刑にする法があり、その法に従って国はおっかあに死刑判決を下した。そして、国は俺を死刑執行人に任命し、おっかあの死刑執行を命令した。俺は国から任命された死刑執行人だから、国の言う通り勇気を出して死刑囚であるおっかあに死刑を執行しなければならない。

おっかあはぼけーっと座っている。今の俺はおっかあの息子ではない。国から任命された死刑執行人だ。目の前のおっかあはおっかあではない。国から死刑判決を下された死刑囚だ。俺は死刑囚に近寄り首を絞めた。おっかあの首を絞めているのは俺の手ではあるが俺の手ではない。この手は死刑執行人の手だ。死刑執行人の手が絞めているのはおっかあの首ではない。死刑囚の首だ。おっかあ、そのことをちゃんと理解してくれよ。おっかあは国から死刑の判決が下されたのだ。そして、俺は死刑を執行しているのだ。死刑が執行されて、おっかあが死ぬと俺は自由になれる。なぁ、おっかあ。人間はな、自由に生きることができなければ人間じゃないんだ。俺はおっかあの息子ではあるが、俺はおっかあの奴隷じゃない。子が親の面倒を看なければならないというのが世間の習わしだが、俺もその習わしは間違っているとは思わない。でも、その習わしはお金がある人間たちの習わしなのだ。貧乏な家庭の老人は痴呆になるまでボケてはならないというのが世間の裏の習わしなのだ。貧乏家庭では息子が仕事に行けるくらいの軽いボケだけが許される。おっかあのように二十四時間介護しなければならないボケは貧乏家庭では許されないのだ。それなのにおっかあはどうしようもない重いボケ老人になった。だから、おっかあは死刑の判決を国から申し渡された。人間として生きる能力を失った老人は貧乏家庭では生きてはいけないんだ。そんな老人は国が死刑にするのだ。

おっかあはもうおっかあじゃない。痩せて、骨と皮だけの皺くちゃな死刑囚だ。おっかあは首を絞めても表情は変わらない。虚ろな目をしたままだ。抵抗をしようともしない。おっかあ。おっかあは殺されようとしているんだ。抵抗しろよ。抵抗をして、「生きたい生きたい」と叫べよ。おっかあ。正気に戻れよ。俺の名前を呼んで、「殺さないで」と命乞いをしろよ。おっかあ。おっかあ。殺されることが怖くないのか。おっかあ。俺を睨めよ。俺を睨んで、おっかあを殺そうとしている俺を罵倒しろよ。そしたら俺は手を離すかもしれない。おっかあ。生きたくないのか。おっかあ。叫べよ。俺の手を払いのけろよ。おっかあはもう少しで死ぬんだよ。分からないのか。生きたいと思う心はもうないのか。おっかあはもう人間じゃあないのか。おっかあは生きる屍なのか。おっかあは自分が殺されようとしていることさえ知らないのか・・・・・・・・・・・・

部屋には放送が終えたテレビのジラジラ波の音だけが聞こえ、ジラジラ波の明るい画面が部屋を明るくしている。俺はテレビを消した。部屋を走っていたジラジラ波の雑音が消えた。部屋は静かになった。部屋の中はなにも変わっていない。変わったのはおっかあが息をしなくなったことだけだ。おっかあはもう動かない。俺も動く気がしない。静かだ。部屋が沈黙している。じわーっと汗が出てきた。蛍光灯の白い光は動かない。テレビもテーブルも冷蔵庫も、そしておっかあも動かない。誰も動かない。

静かだ。おっかあが息をしなくなって何時間が経過したのだろう。一時間か。いや三時間くらいは経過したかもしれない。もしかすると五時間経過したかもしれない。分からない。俺はこれからどうしよう。おっかあが死んだから、この部屋に俺は居なくていい。俺はアパートを出て行こう。この部屋は静か過ぎる。この部屋は冷たすぎる。体が凍りつくようだ。体が鉛のように重たい。しかし、動かなきゃ。この部屋から出て行くんだ。もう、俺はおっかあの奴隷ではなくなった。奴隷から解放されたのだ。俺は自由だ。そうなんだ。俺は自由なんだ。俺は出て行くんだ。自由な世界に出て行くんだ。この冷たい空気の部屋から出て行くんだ。体が重い。しかし、この部屋の呪縛に負けてたまるか。俺は自由だ。呪縛に負けない。立ち上がるんだ。足に力を入れる。手を膝に当てて立ち上がろうとしたが立てない。くそ、膝ががくがくしている。なぜ膝ががくがくするのだ。わからない。手が震えている。なぜ手が震えているのだ。分からない。力が出ない。くそ。くそ。早くこの部屋から出るのだ。立てないのなら四つん這いになってでもいいからこの部屋を出るのだ。まるで俺は赤ん坊みたいだ。四つん這いで歩いている。鉛のような手足だがどうにか動かすことができる。玄関に行こう。俺を奴隷にするこの部屋を早く出るんだ。外にでたら立って歩かなければ。四つん這いで外を歩くのはまずい。くそ、足にも腰にも力が入らない。しかし、それでも俺は進むのだ。居間におっかあが横になっている。おっかあが動くことは二度とないだろう。さよならおっかあ。俺に力が戻ってきた。俺は立ち上がる。玄関のドアを開ける。涼しい空気に触れる。おう、空が白んでいる。もう夜明けだ。外に出て静かにドアを閉める。鍵をかけようか、いや、鍵を掛けるのは止そう。その方がおっかあは早く見つけられるだろう。さよならおっかあ。もう、俺は二度とここには戻らない。重い体も外に出ると次第に軽くなってきた。日の出前の太陽の光が反射して空の雲が輝いている。深呼吸をした。体がほぐれて軽くなってきた。バス停留所に行こう。那覇行きのバスが来る停留所はこっちの方角だったな。俺は歩く。さよならおっかあ。俺はアパートを背にして心で呟いた。バス停留所に向かって歩いていると、なぜか悲しくなってきた。なぜだ。なぜだろう。おっかあが死んだから悲しいのか。そうかも知れない。いや、おっかあは廃人になっていた。おっかあはすでに死んでいるのと同じだった。おっかあは動くむくろになっていたのだ。ああ、あの動くむくろもまたおっかあだったのかな。いや、そんなことはない。むくろはおっかあではなくなっていた。そうだよなおっかあ。でも、おっかあのむくろが死んだら、むしように若い頃のおっかあの笑顔が思い出される。おっかあの笑顔なんて少なくて、怒ったり愚痴ったり叱ったりする顔のほうがずっと多かったのに、なぜかおっかあの若い頃の笑顔が浮かんでくる。おかしなものだ。おっかあの笑顔を思い浮かべるなんて。涙を流しながら、俺は苦笑した。

十字路を右に曲がったら、アパートは見えなくなった。さよなら、おっかあ。もう、俺は二度とここには戻って来ない。俺は本土に帰る。これからバスに乗り、那覇に行く。那覇空港に行って飛行機に乗り、俺は沖縄からおさらばする。さよなら、おっかあ。俺は二度と沖縄には戻らない。俺は本土で自由に生きる。せちがらい世の中だから、貧しい自由になるかもしれないが、それはそれで仕方がないことだ。おっかあの奴隷生活に比べれば天国だ。さよなら、おっかあ。もう少しでバス停留所だ。バス停留所で那覇行きのバスに乗り、那覇に行く。那覇に着いたらナエに電話しよう。おっかあが死んだことを話さなければならない。あのままにしておくと誰もおっかあが死んだことに気づかない可能性がある。那覇に着いたらナエに電話する。おっかあが死んだことをナエに話す。那覇行きの乗り合いバスが来た。乗客はたった二人だ。ガラガラな乗り合いバスだ。俺は母親殺し犯として警察に指名手配されるだろうか。いつかは警察に逮捕されて刑務所に入れられるのだろうか。おっかあを殺した真犯人は国なのにその真犯人の国におっかあ殺しの汚名を着せられて俺は刑務所に入れられるかもしれない。変な話だ。おかしな話だ。裁判になったら、おっかあ殺しの真犯人は国であることを暴露してやる。俺は国の命令に従って死刑執行人としておっかあの首を絞めただけであり、おっかあの死の責任は全て国にあるということを堂々と言ってやる。検事や裁判官は目を丸くするだろうな。しかし、俺がどんなに真実を述べても、俺は刑務所に入れられるだろう。でも、おっかあの世話をする奴隷生活に比べたら刑務所も楽園だ。俺は刑務所に入れられるのは平気だ。だから、警察に逮捕されるのを恐れはしない。警察に自首しないのは刑務所に入れられるのが怖いからではない。おっかあを殺した真犯人は国であり、俺は自首する義務がないからだ。これからの俺は逃亡生活をするのじゃない。自由に生きるだけだ。奴隷から解放された今の俺は自由な人間だ。行きたい所に行き、楽しく生きるのだ。東京に行こうか、それとも大阪へ行こうか。どこが仕事を探しやすいだろう。だんだん気持ちが浮き浮きしてきた。あ、浮き浮きした途端にナエに電話しなければならないことを思い出した。ああ、気が重くなってきた。いっそのことナエに電話をしないで、黙って沖縄を出て行こうか。アパートは鍵をかけていないから誰でも入れる。おっかあは誰かが見つけるだろう。今日かもしれない。明日かもしれない。明後日かもしれない。でも、一週間後ということもある。一週間後ということになるとおっかあの体は腐ってしまう。それはまずい。やっぱりナエに電話しよう。でも那覇に着いてからだ。バスは国道五十八号線を走っている。青空だ。雲が朝日を浴びて茜色に染まっている。

那覇ターミナルに着いた。これから国道五八号線に出てタクシーに乗る。タクシーに乗る前にナエに電話しよう。俺はターミナルを出るとで携帯電話をポケットから出し、久茂地川の橋の上でナエに電話をした。ナエはおっかあが死んだことにショックを受けるだろうな。ナエはあんなおっかあでも長生きしてほしかったはずだ。ナエにおっかあが死んだと伝えるのは辛い。しかし、伝えなければならない。そして、ナエにはおっかあの死の真実を知ってもらおう。携帯電話から呼び出し音が聞こえてきた。

「もしもし」ナエの声が聞こえた。「もしもし、ナエか。俺だ。にいちゃんだ」と俺が言うと、「ああ、にいちゃん。どうしたのこんなに朝早く電話してくるなんて」。ナエは心配そうな声をした。悪い予感をしているようだ。俺は話すのを迷った。「実はな」と言ったが、次の言葉がなかなか出てこなかった。ナエは「うん」と言って俺の話を待った。もう一度「実はな」と俺は言って、次の言葉が出てこなくて暫くの間黙った。「どうしたのおにいちゃん」ナエの心配そうな声が聞こえた。俺は「おっかあが死んだ」と口早に言った。ナエは「えっ」と言って五、六秒黙ってから、「なんと言ったのおにいちゃん」と言った。俺がおっかあが死んだことを話すと、「うそー」とナエの絶叫が耳の鼓膜を破りそうになった。俺は思わず携帯電話を耳から離した。「本当にお母さんは死んだの」ナエはおっかあが死んだのが信じられないようだ。でも、おっかあは死んだ。それは確かな事実だ。だから、俺は「本当だ」と言った。「いつ死んだの」とナエが訊いた。俺はおっかあが何時に死んだかはっきりとは覚えていなかった。だから、「さっきだ」と答えた。ナエは、「どこの病院で死んだの」と訊いた。ナエはおっかあが急病になり、救急車で病院に運ばれたと思っているようだ。それはナエの勘違いだ。おっかあは病院に運ばれてはいない。「病院じゃない。おっかあはアパートで死んだ」と俺はナエに教えた。ナエは泣き声で「嘘嘘」と嘘という言葉を連発した。なぜナエが嘘を連発するのか俺は理解できなかったが、おっかあが死んだのは本当のことであるし、ナエが「嘘嘘」と嘘を連発してもおっかあが死んだことが嘘になるわけではない。俺はナエに、「嘘じゃない」と言い、「おっかあは死んだ」と言い、「おっかあが死んだのは本当だ。もう、おっかあは息をしていない」と、おっかあが本当に死んだことをナエに教えた。それでもナエは、「嘘よ。おにいちゃん、嘘だと言って」とおっかあが死んだことを信じようとしなかったが、おっかあが死んだことは本当のことなのだから、「おっかあは死んだ。嘘ではない。本当だ」と俺は言うしかなかった。ナエは大人しくなった。どうやら俺の話を信じたようだ。「お母さんはどうして死んだの。どこか具合が悪くなったの」とナエはおっかあの死んだ原因を訊いた。おっかあは病気で死んだのではない。国がおっかあに死刑の判決を下したからおっかあは死んだ。

「国だよ、国」

「え、くにってなんのこと」

「国って国家のことだ。日本の国さ。政府さ」

「国がどうしたの。お母さんが死んだことに関係あるの」

「大ありだ。国がな。おっかあを死刑にすることを決めたのだ」

「え、おにいちゃん。なにを話しているの。おにいちゃんの話していることが分からない」

「国にはな、貧乏家庭の痴呆老人を死刑にする法がある。俺とおっかあは貧乏で生活保護を受けていただろう。だから、国は痴呆老人のおっかあを死刑にすると決めたのだ。」

「おにいちゃん。なに意味不明のことを話しているの。そんなことはありえないでしょう」

貧乏家庭の痴呆老人を死刑にする法が国にあることをナエは知らないようだ。俺も昨夜知ったばかりだからナエが知らないのは当然かも知れない。

「おにいちゃんはお母さんが死んで気が動転しているの。おにいちゃん、しっかりして。冷静になって」

俺は冷静だ。気が動転しているのはナエのほうだ。

「ナエ、落ち着いて。ちゃんと俺の話を聞くのだ。国には貧乏家庭の痴呆老人は死刑にする法がある。国は法の通りにおっかあを死刑にすると決定した。俺たち国民は国が決めたことに逆らうことはできない。国がおっかあを死刑にすると決めた時から、おっかあは死ぬ運命にあった。おっかあは国の命令で死刑執行された。だからおっかあは死んだ。ナエ。そういうことだ」

「おにいちゃん。変な話をしないで。頭が変になったの。おにいちゃん。しっかりして。本当のことを話して」

俺はおっかあが死んだ本当のことを話したのであり、変な話はしていない。俺は頭が変になったわけでもない。俺は本当のことを話しているのに、本当のことを話してとナエに言われたら何を話していいか分からなくなる。ナエは気が動転したために俺の話が理解できないようだ。残念であるが、ナエに本当のことを信じてもらうのは諦めなければならない。

「ナエは信じられないかもしれないが、俺は真実を話しているのだ。国はおっかあに死刑判決を下した。そして、死刑執行人がおっかあを死刑執行した。そういうことだ。とにかくおっかあは死んだ。アパートに行ってくれ。じゃやな」

「おにいちゃん・・・」

俺は携帯電話を切った。俺が国から死刑執行人に任命されたことはナエには言わなかった。おっかあが国から死刑にされたことを信じきれないナエに、俺が死刑執行人だったと言えば、ナエのショックは大きいだろう。それどころかおっかあを殺したのは俺だと誤解してしまう。だから、俺が死刑執行人だったことはナエには秘密にした。携帯電話のメロディーが鳴った。ナエからだろう。俺は携帯電話を開かなかった。携帯電話のメロディーは、泣きながら、「おにいちゃーんおにいちゃーん」と俺を呼ぶナエの声のようだ。携帯電話を開いてナエと話したい気持ちはあったが、俺は携帯電話を開かなかった。俺は沖縄を出る。二度と沖縄には戻らない。さびしく切ないことであるが、俺はナエと会うことも話すことも終わる決心をした。ナエが「おにいちゃーんおにいちゃーん」と泣きながら俺を呼んでいる携帯電話を俺はぐっと握り締めて、「さよならナエ。愛しい妹」と言ってから、久茂地川に投げ捨てた。「おにいちゃーんおにいちゃーん」と叫んでいる音は川に向かって走り、水面にぶつかり小さな波しぶきを立てて消えた。

十三

空きタクシーが来た。俺は手を挙げた。タクシーは近づいてきて停まりドアが開いた。タクシーに乗った。タクシーは那覇空港に向かって走り出した。

さよなら沖縄。さよなら愛しの妹ナエ。さよならおっかぁ。おっかあよ。おっかあを殺したのは俺ではないからな。国だからな。国がおっかあに死刑判決を下して、俺に死刑執行を命じたのだからな。天国の神様に、「私を殺した真犯人は御国です。息子ではありません。息子は御国の命令に従っただけです」とちゃんと説明してくれよ。おっかあが神様にちゃんと説明してくれないと、俺は地獄に落とされるかも知れないからな。

ふぁー、眠くなってきた。とても疲れた。体がだるい。那覇空港に着くまで眠るとするか。

終わり

新老人ホーム論

平助の遺言

平助の遺言

松雄よ。わしは死ぬことにした。

歩くことができないくらいにヘルニアがひどくなっていたのに、今度は脳梗塞になってしまったのだ。体半分は麻痺して左の手足はもう動かなくなった。ベッドに寝たきりの状態だ。食事さえ介護師の世話になっている。一日中ベッドの上で過ごしている自分が情けない。これでは生きている意味がない。そのう、何ていうか。人間としてな。そう、人間として生きている意味がない。もうわしは人間としての活動ができない、生きた屍だ。体が元気になって再び人間としての活動ができるのなら一生懸命にリハビリをするのだが、もうわしは年寄りだしな。ヘルニアは手術しても治らないと言われているし、体半分の麻痺も治る見込みはない。もうわしは人間として活動することは不可能になってしまった。わしは人間としての活動が出来ないから死ぬことにした。松雄よ。わしの息子よ。勘違いしては困る。わしは人生を悲観して死ぬわけではない。そのことをお前に分かってもらおうと思ってこの遺言を書くことにしたのだ。

わしがマルクス村に来て十年が過ぎた。短い間ではあったが、わしは生まれて始めて人間としての充実した日々をマルクス村で過ごすことができた。人間としての生産活動をする喜びを十年近くもの間体験する幸せをわしは送れたのだからもうこの世に悔いはない。マルクス村の生活は最高だった。充実した日々だった。

わしの自殺を病死したことにしてくれという遺言をマルクス老人ホームの伊礼院長に遺す積もりだが伊礼院長がわしの希望を聞いてくれるかどうか分からない。もし、マルクス老人ホームからわしが病死したという連絡が入ればわしが自殺したことはお前の胸にしまっておいて、ゆりえやたまきやさちえには話さないでくれ。しかし、マルクス老人ホームからわしが自殺したという連絡があれば、ゆりえたちは父親を自殺に追い込んだ子供として自分たちを責めるかも知れない。世間から白い目で見られないかと不安になるかも知れない。わしが気にかかるのはそのことじゃ。松雄よ。もし、わしが自殺したのだということが知れたらこのわしの遺言書をゆりえたちに見せてくれ。わしは孤独に悩んで自殺したのでもなければお前たち子供に不満があって死ぬわけではないということを知ってもらいたいからだ。お前たちになんの恨みもない。世の中を恨んでもいない。わしが自殺するのは人間としての活動ができなくなったからであり、人間として生きることができなくなったからだ。いわば人間としての老衰死だ。動物としてのわしは自殺することになるが、人間としては自然死なのだ。わしはその積もりだ。この世に未練はない。お前たちに対する当て付けや負け惜しみでこの世に未練はないと言っているのではない。わしの正直な気持ちなのだ。お前がわしの自殺する気持ちを分かってくれるのは難しいと思う。でもわしの自殺は嘘偽りのないこの世に生まれたことに感謝を込めた自殺なのだ。そのことを理解してもらうために遺言を書いたのだ。

今のわしは腰は痛いし左足も左手も動かない。一日中ベッドの上の生活はとてもつまらない。左足が動かないのはつまらない。左手が動かないのには苛々する。ご飯を食べて寝そべる。それだけの一日だ。テレビはおもしろくないし本を読んで楽しむ趣味はわしにはない。今のわしは生きる屍なのだ。心臓が動いているだけの動物なのだ。もうわしは人間ではない。人間としての活動ができない哀れなわし。人間として生きている価値がないわし。嘆いているのではない。わしはわしの今の状態を素直に認めているのだ。

第一章

妻の梅子があっけなく死んだ。いつものように一週間に一度やって来る日曜日の朝に、梅子は平助と目覚めのお茶を飲み、それから夫婦二人だけの朝食を済ませ、茶碗や鍋を洗い、洗濯機にスイッチを入れ、家の掃除をやり、洗濯物を干した後に、

「あなた、庭の掃除をお願いね。」

と言って近くのスーパーに買い物に出かけた。平助はゆっくりとお茶を飲んでから小さな庭の掃除を始めた。庭の掃除をしている時に警察からの電話が鳴り、梅子が車に

轢かれたことを知らされ、あわてて病院に駆けつけたが梅子は平助の呼びかけに二度と返事をしなかった。

それから後のことは平助の記憶は途切れ途切れになっている。うろたえて思考停止になっている平助に代わり、長男の松雄や長女のゆりえ、次女のたまき、三女のさちえが忙しく動き回って梅子の死の儀式は進められ、通夜も葬式も納骨も平助が呆然としている内に全てが進行し全てが終わっていた。

四十九日が過ぎ、一週間毎の儀式もなくなった。平助は寂しい独り暮らしの生活になったが、梅子が家から消えたという実感は平助の心からはなかなか消えることがなかった。早朝に目が覚めて工場に行く準備をする前に食台の前に座りテレビを点けて梅子がお茶を持ってくるのを待つ。暫くして梅子が死んだということを思い出し、台所に行ってやかんに水を入れてガスコンロに火を点ける。梅子が死んだと思い出すまでは梅子は生きていてこの家のどこかに居るという実感が平助にはあり、その実感はなかなか消えなかった。

梅子が生きているという実感が残っている間は、さびしいけれども孤独をそれほどに感じることはなかった。平助の感性の中に棲み続けている梅子が平助の孤独を埋めてくれていた。休みの日にやることもなく一日中家の中でぼんやりと過ごしてもなんとなく家のどこかに梅子がいるような実感があり、深い孤独感に陥ることはなかった。お茶が切れたら「おい。」と梅子を呼び、梅子が居ないことを思い出して平助は立ち上がり台所に行ってやかんで湯を沸かす。家を出る時はいつものように「行って来るよ。」と言い、梅子の返事がないので無意識に家の中の梅子を探す。工場から帰った時は梅子が夕食を準備して待っていると当然のように思い、家に帰った時に庭に洗濯物が干されていないので今日の梅子は洗濯をしなかったのかと思いながら玄関を開ける。誰も居ない、暗く閑散とした家の中を見た時、ああ、梅子はもう家には居ないのだと実感させられる。

日々は過ぎていき、梅子が家に居ないことを何度も思い知らされているうちに、深い孤独がじわりじわりと平助を覆うようになってきた。

梅子が生きていれば温泉旅行を楽しめただろうが、平助一人では温泉旅行をする気にはなれない。梅子は平助が定年退職をしたら北海道旅行や温泉旅行を夫婦で行くことを楽しみにしていた。梅子が生きていれば、あれもできたこれもできたという思いが募り、梅子が死んでしまった寂しさが平助の心に広がり、生き残ってしまった自分の孤独を寂しく感じるようになった。生きている内に梅子を北海道旅行や温泉旅行に連れて行かなかったことを平助はしみじみと後悔した。

梅子の居ない空間の一日はゆっくりと退屈に過ぎたが、ゆっくりした一日なのに、梅子が死んでもう二年も過ぎたのかと平助が驚くほどに日々は早く流れ、いつの間にか梅子の三回忌がやってきていた。梅子の三回忌の年に平助は定年退職し、梅子の三回忌から半年が過ぎた頃に、平助は梅子が入所したいと言っていたマルクス老人ホームのことを思い出し、なぜ梅子はあれほどに平助が定年退職したらマルクス老人ホームに入ろうねと言っていたのかを知りたくなって、平助はマルクス老人ホームに行ってみることにした。生前の梅子は平助が定年退職したら新しい場所で新しい生活を始めたいと口癖のように言い、夫婦の新しい棲家探しをしていた。老夫婦対象の別荘や住宅を調べていたが梅子のイメージに合うものはなかなか見つからなかった。

ある日、梅子はマルクス老人ホームという気に入った老人ホームを見つけたと言って、平助に、

「あなたが停年退職したら一緒にマルクス老人ホームに行きましょうね。」

と目を輝かせながら言い、食台の上にマルクス老人ホームのパンフレットを広げた。足腰が丈夫で元気でいる間は老人ホームに入る気はない平助はパンフレットを見向きもしないで、

「老人ホームに入るのは足腰が立たなくなってからでいい。」

とテレビを見ながら言った。

「それでは遅いの。マルクス老人ホームは足腰がしっかりしている内に入所した方がいいの。」

と梅子は言い、長男夫婦と一緒に住むのがいいのじゃないかと平助が言うと、

「東京のような大都会には住みたくない。老後はマルクス老人ホームでやり甲斐のある趣味を楽しみたいの。あなたは東京に住みたいの。」

と聞き、平助が自分も東京には住みたくないと答えると、ほらあなたも私と同じ考えじゃないのと言い、あなたが定年退職するのが待ち遠しいわと言って、屈託なく笑った。屈託のない笑いを残して梅子はあっけなく死んでしまった。


夏に移ろうとしている六月のまばゆい昼。乗り合いバスを下りると、バス停留所の時刻表の側にマルクス老人ホームまで一キロという看板が立っていた。見渡すと人家は少なく、山々の連なりが見え、山のふもとからすすきの原野とさとうきび畑が広がっていた。平助はマルクス老人ホームへの道路案内図を見て、マルクス老人ホームへの道を確認してから歩を進めた。十軒ほどの家が並んでいる通りを抜けると、緑のさとうきび畑が広がり、平助はさとうきび畑に挟まれた道路を黙々と歩いた。針のように皮膚を刺すようになった陽射しが平助を照らし、時々涼しい風が平助の体を掠めていく。歩いているうちに平助の額から汗が流れ出た。額の汗を手で拭い、平助は黙々と歩き続けた。後ろから軽貨物車が近づいて来て平助の側で停まった。

「老人ホームに行くのかね。」

と、運伝手は言った。平助は、

「ああ。」

と言って軽貨物車を通り過ぎようとした。

「私の車に乗らんかね。」

緑の作業帽を被った男が運転席の窓から顔を出して平助を呼び止めた。親しげに声を掛ける初老の男に平助は戸惑った。

「陽射しは強いし、老人ホームまで歩くのはしんどいよ。私もマルクス老人ホームに行くところだ。乗ってよ。」

平助は軽貨物車の助手席に乗せてもらうことにした。

「あんた。マルクス老人ホームに入っているのかね。」

なだらかな坂になっている二車線は緩やかなカーブが続いていた。

「いや。」

平助はぼそっと答えた。

「そうか。友達が入っているのかね。」

平助が返事をしないので運転手はちらっと横目で平助を見た。

「私は宮城という。植木屋をやっている。マルクス老人ホームとは長い付き合いだ。マルクス老人ホームには友達に会いに行くのかね。」

マルクス老人ホームに平助の友人はいない。

「いや。」

軽貨物車は林の腹を数百メートル程削り取った道路を通り抜けて、山の柔らかい陽光に照らされた。

「ああ、あんた新しい入所者なのかね。」

平助は入所すると決めたわけではない。しかし、否定をするのがおっくうだったから平助は返事をしないで黙っていた。平助が黙っているので、話せない事情があるとでも思ったのか宮城は平助に質問するのを止めた。

「あれあれ。」

宮城は道路から百メートル程離れた所にある果樹園を指さした。

「絶品のマンゴーを栽培している果樹園だ。あの果樹園を造ったのが権助さんといってマルクス村に入所している人間なのだ。」

平助は宮城がマルクス村と言ったのを変に思ったが、マルクス老人ホームの俗称だろうとさほど気にはしなかった。平助は運転手の男が指さした方向に目を向けた。山間に土地が開け、大根やジャガイモなどの野菜が植わっている畑の奥にマンゴーの木が整然と並んでいる果樹園が見えた。

「偏屈な老人だが権助さんが作るマンゴーは最高だ。想像をしただけでよだれが出てくるよ。」

と宮城は言った。自分の話に反応して平助が質問をしてくるだろうと宮城は期待したが、平助は黙っていた。

道路は大きな円を描くように左に迂回し、暫くすると三階建の建物が見えた。マルクス老人ホームの本館である。軽貨物車は門を通り抜けてマルクス老人ホームの本館の前に止まった。

「ここがマルクス老人ホームだ。」

軽貨物車から降りた平助が目礼すると軽貨物車は白い煙を吐きながら本館の裏の方へ消えていった。

マルクス老人ホーム本館の透明な自動ガラスドアが開き、平助はマルクス老人ホームの中に入った。ロビーには老人がまばらに行き交っていてちらっちらっと平助を見ながら過ぎていく。

受付けにマルクス老人ホームのパンフを見せながら老人ホームを見学に来たと話したら、受付けの女性は誰の紹介ですかと聞いた。平助は紹介者は居ない、パンフレットを見てマルクス老人ホームに来たのだと答えた。受付の女性は平助にアンケート用紙を渡し、記入するように言った。平助は名前、住所、生年月日、家族、趣味、職業暦、元の会社名、マルクス老人ホームを知ったきっかけ、マルクス老人ホームへの希望などを記入して受付けの女性に渡した。「少しの間お待ち下さい。」と言って受付けの女性は受話器を取り電話をした。

「暫くの間、向こうの椅子に座ってお待ちください。担当の者が来ますので。」

と丁寧に言って玄関ホールにある椅子を指した。

椅子に座って五分が過ぎた頃、

「宮原平助さんですね。」

と男の声が横で聞こえ、振り向くと白衣の青年が微笑みながら立っていた。

「私は介護師の宮良憲次といいます。宮原さんは当マルクス老人ホームを見学するために来たのですね。済みませんがホームを案内する前に院長との面会をお願いします。どうぞ私の後について来てください。」

平助が椅子から立ち上がると宮良介護人はエレベーターの方に向かった。

「宮原さんはどこからいらっしゃったのですか。」

エレベーターの中で宮良介護師は聞いた。

「T市です。」

「遠い所からわざわざ来ていただいてありがとうございます。当マルクス老人ホームを探すのに苦労はしませんでしたか。」

「い、いや。」

曖昧な平助の返事に、

「そうですか。」

と宮良介護師は微笑みながら言った。エレベーターが止まりドアが開いた。

「こちらの方です。どうぞ。」

宮良介護師はエレベーターを降りると右に曲がり静かな廊下を進んだ。宮良介護師は

院長室とプレートが掲げられているドアの前に立つとコンコンとドアを叩き、

「宮良です。入ります。」

と言って院長室のドアを開けて、

「どうぞ。」

と言って、平助を院長室に招き入れた。


伊礼院長は宮良介護師から平助が持ってきたパンフレットとアンケート用紙を受け取ると、アンケートに目を通してから平助をソファーに案内して平助の向かいに座った。宮良介護師は、

「失礼します。」

と言って院長室を出て行った。

「始めまして。院長の伊礼清二です。」

院長の伊礼清二の年齢は四十五歳。伊礼院長は平助が記入したアンケート用紙を見ながら平助と話した。

「宮原平助さん。六十一歳ですね。T市にお住まいなのですか。」

「はい。」

伊礼院長はアンケート用紙をテーブルに置いて平助を見た。

「宮平さんがこの老人ホームに入所しようとするのは理由があるのですか。」

伊礼院長に質問されて平助はもじもじした。

「いや、まだ入るというわけでは・・・。」

「ああ、見学に来られたのですね。この老人ホームについての噂を聞いて来たのですか。」

「い、いいえ。妻のパンフレットを見て来ました。」

伊礼院長は平助が持ってきたパンフレットを見た。

「このパンフレットを宮平さんの奥様が持っていたのですね。奥様は一緒に来なかったのですか。」

「妻は二年前に死にました。」

平助の妻の梅子が二年前に死んだと聞かされて伊礼院長の動きが一瞬止まった。

「そうですか。それはお気の毒です。奥様がこのパンフレットをどこで入手したか宮原さんは知らないのですか。」

「はい。」

「子供さん達はどうしておられるのですか。」

　平助には四人の子供がいる。長女は嫁いでR市に住んでいる。次女はM市に三女は隣街のN市に嫁いで住んでいる。長男ははるかに遠い東京都に住んでいる。

「みんな結婚して他の土地に住んでおります。」

「子供さんと住む予定はないのですか。」

「はあ、長男は東京に住んでおりまして。なかなか会えないもんで。そのう、そういう話をしたことがありません。」

「そうですか。ご長男は東京に住んでいるのですか。」

伊礼院長はアンケート用紙にボールペンで記入した。

「梅子の墓のこともあることですし。」

「奥様の墓はどこにあるのですか。」

「まだ、造っておりません。寺に預けたままですわ。」


長男と同居して東京に住むことになると梅子の墓をどこに造ればいいのか。平助は梅子の墓を東京に造ることに抵抗があったし、東京に住むのも嫌だった。

伊礼院長は平助の体を観察してから、

「平助さんは健康であるし、まだ老人ホームに入るには早いです。平助さんはマルクス村に入るつもりで来たのですか。奥様からマルクス村のことを聞いたのですか。」

マルクス老人ホームとマルクス村は同じものだと思っていた平助は戸惑った。

「い、いいえ。あのう、マルクス老人ホームとマルクス村は同じものではないのですか。」

「老人ホームとマルクス村は違います。それでは平原さんはマルクス村のことを知らずに当ホームに来たのですか。」

「はあ、とにかく梅子がマルクス老人ホームに入りたがっていましたので、マルクス老人ホームはどんな老人ホームなのかを知るために来ました。」

「そうですか。マルクス老人ホームには主に介護を必要とする人が入所する老人ホームと定年退職をして健康で介護を必要としない方が入所するマルクス村というのがあるのです。」

・・・私たちは松雄の世話になるのは止しましょう。年寄りになってから大都市東京に住むのは怖いわ。東京は物価も高いというし年金で生活するのならマルクス老人ホームよ。あなたと私はマルクス老人ホームのお世話になりましょうね・・・

と、生前の梅子は言っていた。

・・・炊事や洗濯から開放されたい気持ちはあなたにはわからないでしょうね。あなたが定年退職をしたら、私は炊事や洗濯から開放されて好きな趣味を見つけてそれに打ち込みたいわ。・・・あなたに甲斐性があればねえ。私の田舎で小さな商売をして老後を楽しみながら生きていきたいけど。あなたは商売にむいていないしねえ。・・・と梅子は苦笑し、

・・・停年退職をしたらマルクス老人ホームに入りましょう。二人でこの家でなにもしないで生活するよりマルクス老人ホームに入った方が有意義な生活ができるのよ。あなた。このパンフレットに目を通してください。・・・と平助に言った。そして、「私は染め物をやろうかな。陶芸もいいわ。」と梅子は夢を膨らませていた。

梅子はマルクス老人ホームにあるマルクス村のことを話していたのだ。平助は梅子の話を真面目に聞いていなかったからマルクス村を普通の老人ホームだと勘違いしていた。


「奥様が集めたパンフレットにマルクス老人ホームがあったから来たということですね。」

「はあ。」

「奥様はマルクス老人ホームを訪ねたことはありますでしょうか。」

「はい。梅子はマルクス老人ホームを訪ねています。」

伊礼院長は「ちょっと失礼します。」と言って、受話器を取ると電話を掛けた。

「もしもし、院長だが。宮原梅子さんという人がマルクス老人ホームを訪ねて来たかどうかを調べてほしい。訪問していたら年月日と訪問時間を教えてくれ。」

伊礼院長は受話器を持ったまま黙っていた。十秒ほど経つと返事が来た。

「ああ、そう。最初に訪問してきたのが一九八六年の十月三日の午後三時だね。分かった。」

伊礼院長は椅子に座りパソコンのキーを叩いた。モニターの画面に目次の欄が映り、訪問者の目次をクリックすると訪問者検索の欄が表れ、伊礼院長は宮原梅子と記入してクリックすると、プリンターが作動して梅子のマルクス老人ホーム訪問記録がプリンターから出てきた。

「奥様の宮原梅子さんは四年年前に当ホームを訪問しています。三年前と二年前にも訪問しています。二年前は二回訪問しています。いつも四、五人の女性グループで訪問していましたが二年前の二回目の訪問は一人で来ています。」

梅子は死んだ年にひとりでマルクス老人ホームを訪問していた。伊礼院長は梅子の情報をプリントすると平助の所に戻った。

「先生は梅子とお会いになられたのですか。」

伊礼院長はプリントされた紙をテーブルに置いた。

「一度会いました。梅子さんが最初に来られた一九八六年の十月三日です。五人で来られた時ですね。五人の御婦人方が訪問して当老人ホームについて私と話をしたことは覚えています。しかし、残念ながら五人の中のどの御婦人が梅子さんであったかは覚えておりません。すみません。」

「先生。梅子はマルクス老人ホームのマルクス村を見るために何度も訪問したのでしようか。」

「多分、そうでしょう。」

「マルクス村ですか。」

一体、マルクス村とはどんな村なのだろうと平助は思った。

「マルクス村というのは村と言っても本当の村ではありません。」

と伊礼院長は言い、

「本館の裏側には十軒の工房があるのですが、その工房と周囲の畑や山林を総合してマルクス村と呼んでいるのです。この部屋から一望できます。見ますか。」

平助は頷いた。伊礼院長は立ち上がり、平助と一緒に窓の前に立った。

眼下には伊礼院長の言う通り九軒の平屋が並び、西の外れに二階建の建物が立っていた。南の方には平野が広り山林は平野を包むように連なっていた。

「あの平屋はいわゆる物造りをする作業場として造られた工房です。陶器、機織、絵画、彫刻から染物、マジック商品、彫金など様々な物造りをやっています。向こうに見える斜めの建物は登り窯と言いまして陶器を焼く釜です。向かいの山にはキノコ栽培や有機肥料を造る所や炭焼きなどをやる場所があります。西側の二階建ての建物はインターネット専用の建物です。」

マルクス老人ホームは他の老人ホームより趣味の数が多いようだ。梅子はマルクス村を見学しながら自分のやりたい趣味を探していたのかも知れない。平助は伊礼院長の説明を聞きながら梅子がマルクス村の陶器、機織、絵画、彫刻、染物などの工房を回っている姿を想像した。

「平原さんは自分のやりたい趣味がありますか。」

暫くしてテーブルに戻ると伊礼院長は平助に聞いた。貧しい農村で生まれ育った平助は終戦から数年後に小さな製鉄会社に就職し、定年退職するまでずっとその製鉄会社で働き続けた。平助はあわもりを飲みながらテレビの水戸黄門や大岡越前などの時代劇や野球やプロレスを見るのが楽しみであった。若い頃は釣りを趣味としていて、休みの日には仕事仲間と釣りを楽しんだ。しかし、年を取るにつれて遠出になる釣りも億劫になりやらなくなった。昔に比べて時代劇の番組は減ったが平助の楽しみは相変わらず晩酌とテレビの時代劇を見ることであった。テレビの時代劇鑑賞は趣味というほどのものではない。伊礼院長に趣味を聞かれて、平助は、

「趣味はないです。」

と答えた。

「そうですか。平助さんは物つくりに興味はありますか。」

「物つくりですか。」

平助は物つくりについて考えたことがないので返事に困った。伊礼院長は微笑みながら、

「物つくりというのは人間の生産活動の原点なのです。昔、マルクスという哲学者が人間の生産活動について人間と動物の違いを対比しながらおもしろいことを書いています。平原さんはマルクスという名前を聞いたことはありますか。」

平助はチャップリンとかヘレン・ケラーとかアインシュタインとかの名前にはなんとなく記憶があるがマルクスという名前には全然記憶がなかった。

「ないですなあ。」

「そうですか。それは残念です。マルクス村という名称はカール・マルクスという哲学者の名前に由来しています。ところで平原さんは定年になるまで一生懸命に仕事をしてきました。仕事はなんの為にやってきましたか。」

それは言うまでもない。若い頃は家から独立して生活するためであり遊ぶためであった。結婚してからは家族の生活を支えるために働いた。平助だけでなく他の全ての人間が平助と同じように家族の生活を支えるために働いてきただろう。それ以外の理由があるだろうか。

「家族のためです。子供のためです。」

「そうですね。平原さんは家族の生活のために働いてきました。しかし現在は定年退職をしています。子供たちは大きくなり独立して平原さんが世話をする必要はありま

せん。退職金がありますし年金がもらえるようになりますから平原さんは働く必要もなくなりました。平原さんは働かなくても生活ができるようになったら仕事をやりたいという気持ちは完全になくなりましたか。」

「はあ・・・・」

平助は返事に困った。十六歳の時から六十歳になるまで平助は小さな製鉄会社で働き続けてきた。製鉄会社の仕事は平助の体の隅々まで浸透していた。仕事をしなくなるということは平助の体のある部分が欠落したように感じる。活力エネルギーが不燃焼状態になりいらいらや虚無感がつのる。家族の生活のための仕事とはいえ四十五年間の人生の大半の時間を仕事に使ってきたのだから仕事は生き甲斐にもなっていた。生き甲斐は続けたいと思うのが人間の本能だ。例え給料は半分に減らされてもいいから平助としては製鉄会社の仕事を続けたかった。四十五年の間を仕事で埋められていた空間は退職した日からぽっかりと空白の穴になり空白の穴を埋める代わりの物はなかった。

「先生。仕事は生き甲斐ですから。本当は死ぬまで仕事を続けたかったです。」

「そうですか。」

若い頃に釣りをしたのは仕事で溜まったストレスを解消するためであった。釣ってきた魚は妻の梅子が上手に料理して家族五人で食した。釣りはストレス解消と暖かな家族の団欒を平助に享受させた。今は仕事もなくなって釣りをする時間はたっぷりとあったが平助には釣りをする気持ちは湧かなかった。ぽっかりと空いた仕事の時間帯を釣りや趣味で埋めることはできない。「なあに二、三年もすれば慣れてきて、暇が暇とは感じなくなる。暇を楽しめるようになるものだ。老人とは暇を楽しむ人種なのだよ。」と七〇歳になる直彦さんは言う。社交的な直彦さんは暇を楽しむ方法を見つけたのかも知れないが、社交的ではない平助は暇を楽しむ方法を見つけることができなかったし、趣味を探す気にもなれなかった。

仕事はない。梅子はいない。孤独で退屈な日々を平助は過ごしている。

伊礼院長は眼鏡を人差し指でぐいっと押して、平助を見つめながら言った。

「平原さん。私の話を聞いてくれませんか。これから話すことはマルクス村のテーマにもなっている内容です。多分、梅子さんが何度もマルクス老人ホームを訪問した理由にも関係すると思います。」

妻の梅子がこの老人ホームに何度も来た理由に関係する話であると言われて、平助は伊礼院長の話に耳を傾けた。

「昔、そう百年以上も前になりますが、マルクスという哲学者が人間と動物の違いを説明しました。人間と動物の違いは見れば分かります。人間は直立して二つの足で歩きますが動物は四本の足で歩きます。人間は毛が薄いが動物は毛深い。そのような見た目のことではなく生活とか活動の違いを哲学的に説明しているのです。平原さんは動物と人間の違いはなんだと思いますか。」

犬や猫と人間は明らかに違う。ライオンや熊と人間も明らかに違う。猿は人間に近い動物であるかも知らないがしかし人間と猿は全然違う。人間と動物の違いを上げれば限りがないが、学校の生徒ではあるまいし、人間と動物の違いを答えなさいと言われて喜んで答える気に平助はならなかった。しかし、伊礼院長は真顔になって平助が人間と動物の違いについて答えるのを待っている。仕方がないので平助は人間と動物の違いのひとつでも言おうとしたが、人間と動物の違いは当たり前のことであって人間と動物の違いについて考えたこともない平助だったから以外と答えるのに窮した。

平助は動物と言われてすぐに頭に浮かぶのは野生のライオンや熊ではなく人間と一緒に住んでいる犬や猫であった。平助と犬や猫との違いを平助は考えた。

「犬や猫は話が出来ない。」

「そうですね。犬は話が出来ません。」

平助は「犬や猫は働かない。」と言おうとしたが、麻薬犬とか盲導犬とかは働いているると言えるかも知れない。平助は暫く考えて、

「犬や猫は家族のために働くことはしない。」

と言った。伊礼院長は苦笑しながら、

「そうですね。犬や猫は家族のためには働きませんね。しかし。」

伊礼院長は中指を曲げるのを止めた。

「ライオンは家族のためにはシマウマなどの動物を捕まえます。ライオンが動物を捕まえる行動は家族のために働くことにならないですか。」

平助はうろたえた。

「そ、そうですね。」

平助は人間と動物の違いが他にないか頭を巡らした。

「動物は火を使わない。」

「そうですね。人間は火を使う。動物は火を使わない。」

伊礼院長は中指と薬指を曲げた。

「動物は道具を使わない。」

「そうですね。人間は道具を使う。動物は道具を使わない。テレビでチンパンジーが石を使ってくるみを割る様子を映して、チンパンジーも道具を使うと言っていましたが、でもあれは特別であって一般的には動物は道具を使わないということになっています。動物は道具を使わないというのが一般論です。人間と動物の違いは色々あります。直立歩行、言葉を使う、火を使う、道具を使うというようなことが人間が動物と違う点です。でもね平原さん。マルクスという哲学者は人間と動物の違いを別の角度から解き明かしているのです。」

いつの間にか平助は伊礼院長の話に真剣になっていた。

「鳥は木の上に巣を造ります。いわゆる家です。ゴリラや蟻やハチなど多くの動物が家を造ります。そこでです平原さん。家を造ることに置いて人間と動物の場合は根本的な違いがあります。分かりますか。」

伊礼院長は言葉を止めて微笑んだ。平助には分からないだろうと言いたげである。そういう意地悪な質問には答えることができないと相場は決まっている。平助は馬鹿にされたようで、なにも言わずにむっとした顔をして伊礼院長を睨んだ。平助が答えそうもないので伊礼院長は平助が答えやすい質問を切り出した。

「平原さんは持ち家があります。その家は平原さんが自分でつくりましたか。」

家を自分で作る人間がいるだろうか。掘っ立て小屋のような簡単な小屋なら自分で造ることは有り得るが、家族が住む頑丈で大きい家を自分で造るということはない。伊礼院長の質問は愚問である。

平助が答えないので伊礼院長は話した。

「平原さんの家を造ったのは建築屋さんです。平原さんは建築屋ではないし家をつくることはできません。つまり人間の社会ではそれぞれ専門家がいて、家は家をつくる専門家がつくります。でも、動物たちは自分の家は自分でつくります。小枝や葉っぱを集めてつくります。人間の家に比べれば小さくて粗末な家です。だから動物たちは自分の本能だけで家をつくります。

人間の家は家主になる人が直接つくることはありません。設計士が家主の希望を聞いて家主が求める家の設計図を作ります。そしてその設計図を見ながら大工が家をつくるのです。一方動物の方は自分でつくります。自分の体の大きさや子供の大きさと子供の数に合った家を造ります。」

伊礼院長は真面目に話しているが、それほど真面目に話すほど内容が深いものではない。つまり誰でも知っている当たり前のことを話している。

「人間は家を造ることにおいて自分の家ではなく他人の家をつくることができるということです。設計士や大工は自分の家ではなく他人の家をつくるのです。それに人間は人間以外の動物のためにも家をつくります。犬小屋とか鳥小屋とかですね。しかし、動物は自分の家しかつくりません。自分の体の大きさと目的にぴったりの自分に必要な家しかつくりません。他の仲間や他の動物のために家をつくるということをしません。このことは人間と動物の根本的な違いです。」

平助は伊礼院長が話していることに違和感があった。確かに人間は他人の家をつくるが動物は自分だけの家をつくる。しかし、それが人間と動物の根本的な違いと言えるのだろうか。それは人間と動物の知能の違いというもので人間の家は高度になり専門家でないとつくることができなくなったのであり、動物は知能が低いから簡素な家を自分でつくっている。人間と動物の違いは知能の差なのだ。人間は他人のために家をつくさくり動物は自分のために家をつくるということが人間と動物の根本的な違いであるというのは平助には強引なこじつけに思えた。

伊礼院長の話に平助は半分は納得できるが半分は納得できなかった。なぜ伊礼院長は平助に人間と動物の違いの話をするのか、伊礼院長の話す目的はどこにあるのかを平助は見当がつかなかったがいつの間にか平助は伊礼院長の話に引き込まれていた。

「ライオンはお腹が一杯になるとなにもしません。一日中寝そべって欠伸をしながら過ごすのです。つまりライオンはお腹が減ったら食べ物を探して活動するが獲物を捕まえてお腹が満たされるとなにもしないで過ごすのです。他の動物も同じです。草食動物の場合は草は栄養価が低いものだから一日中草を食べています。動物や渡り鳥が長い旅をするのは食べ物を求めるか繁殖のために旅をしているのです。」

伊礼院長は「平原さん。」と言い、平助の顔を見つめた。これから本題ですよというように微かに微笑んだ。

「ライオンは食い溜めをします。腹一杯食べた後はできるだけ激しい運動はしないで寝そべって過ごします。だから一週間は食べなくても平気です。腹を満たしたライオンがなにもしない時間。その時間帯こそが人間の時間帯なのです。」

「人間の時間帯ですか。」

平助は人間の時間帯という言葉の意味が理解できなかった。

「そうです。人間の時間帯です。動物にはない人間の時間帯なのです。ライオンはお腹を満たしたら寝そべるだけです。でも人間はライオンのように食いだめはしません。

一日三回に分けて少量ずつ食べます。それはなぜですか。」

伊礼院長は平助に訊いた。

「そりゃあ、仕事をしたり、遊んだりするためです。食いすぎたら体が動けませんから。」

「そうなのです。人間は活動をするのを目的に食事をするからです。腹が減っては戦はできない。だから食べる。しかし、腹を一杯にすると活動ができないし戦もできない。だから腹八分にする。それはライオンと違います。ライオンと人間の違いはお腹を満たした時に活動をするかしないかなのです。ライオンは腹を満たしたら活動をしない。人間は腹を満たしてから活動をする。こうも言えます。ライオンは腹を満たすために活動をする。しかし人間は活動をするために腹を満たす。」

「そうですか。」

平助は「そうですか。」と返事するしかなかった。ライオンがお腹を満たしたらなにもしないで寝そべり、人間は仕事をする。それはその通りであり平助は人間とライオンの違いについて考えたことはないが、それくらいのことはわかっている。伊礼院長の話は驚くような理屈でもない。

「人間が人間として活動できるのはひもじさを克服してからなのです。まあ、そんなことは当たり前と思うかも知れませんが人間の本質はそこにあるのです。鳥は必要が生じた時に巣を造ります。しかし、大工は自分が住む必要のない他人の家を腹が減っていない状態の時に造るのです。これは人間と動物が決定的に違う非常に重要なことなのです。平原さん。」

伊礼院長は少しずれ落ちた眼鏡を人差し指で持ち上げた。

「腹が減っていない時の活動が人間的活動であるが故に人間が有していて動物には有していないものがあるのです。それは美意識です。美しく感じる心は人間にあるものであり動物にはありません。なぜ人間には美意識というものがあるかということを解明するのは色々な理由が考えられ難しいです。しかし、美しいと感じるのは空腹ではないときです。お腹が減って死にそうな時に海や山を見て美しいと感じることはできません。そうではありませんか。もし、ひもじい時に海をみたら魚を見つけて捕まえて食べたい気持ちが高まります。山をみたら食べられそうな草や木の実を探すことに心を奪われます。お腹を満たして食欲がない時に人間は海の美しさや山の美しさを感じることができるのです。そして人間は美意識による創造ができるのです、いわゆる芸術です。美の創造というのは人間にしかできない生産活動なのです。」

伊礼院長は「しかし。」と言って冷めたお茶を飲んだ。

「しかし、人間の社会は人間的なものが動物的になっています。平原さんはなんの為に仕事をしてきたのですか。」

なんの為に仕事をしてきたか。その理由ははっきりしている。給料をもらうために仕事をしてきたのであり、給料は生活のために使う。つまりは生活のために仕事をしたのだ。ローン返済、食事代、衣服代、子供の養育費、洗濯機、ガスコンロ、クーラー、テレビ、箪笥、自家用車、食器など数えればきりがないほど生活必需品は多い。円満な生活を送るにはお金がなければならない。お金をもらうには仕事をしなければならない。だから仕事をするのだ。

「先生。わしには四人の子供がおりました。四人の子供が学校を卒業して一人前になるまでわしには親として育てる責任があります。わしら六人の生活が円満にいくようにわしは懸命に仕事をしました。中学しか出ていないわしですから給料も安かったし、とにかくがむしゃらに働くしかなかったです。」

「そうですよね。妻や子供のいる男は自分の家庭のために働かなくてはなりません。ライオンがしまうまを捕らえることと同じで家族の飢えを救うために働かなくてはならない。仕事をするというのは人間的でありながら仕事をする目的は動物と同じです。でもね平原さん。あなたは定年退職をしました。子供も大きくなり面倒を見る必要もなくなりました。定年退職するまでは仕事をしていましたが、定年退職をした今はライオンが腹いっぱいの状態と同じようになにもやっていません。

　ゲートボールやダンスを楽しむ老人もいます。海外旅行を楽しむ老人もいます。盆栽や釣りを趣味にして楽しむ老人。温泉巡りや観光を楽しむ老人。定年退職をして余生を色々楽しむ老人が居ます。でもね平原さん。人間は定年退職をした後は余生を楽しむだけでいいのでしょうか。余生というのは生の余りつまり余分な人生として考えられ、人間として活動するのを辞めたということになります。平原さん、それでいいのでしょうか。私は違うと思います。子供を養育する義務から解放されました。家のローンも終わりました。つまり生活のために働くということから開放されたということなのです。つまり生活のために働くという動物的仕事から解放されたということなのです。

人間の動物的義務から開放された老人こそが人間らしい仕事、活動、生産、創造ができるのです。」

平助には伊礼院長の話が急に難しくなり理解できなかった。しかし、老人も仕事をやるべきであるという伊礼院長の説明は定年退職後も仕事をしたいと思っている平助には賛同できる話であった。

「人間も動物も子供を育てるために懸命に働きます。家族の生活を守るために働くのは人間も動物も同じなのです。ライオンはライオンの子孫を残すために、子供を生み子供に食べ物を与え弱い子供を保護し一人立ちできるまで育てる。これは全ての動物の本能です。自分の家族のために働くのは人間の動物的本能です。社会的な労働、生産活動の目的というのは家族の生活のためであるという、動物的な活動と同じものになっているのです。結婚し子供が生まれ家を造っていかなければならないのですから生活のために働くのは当然のことです。生活を豊かにするのが目的だから仕事を好きか嫌いかで選ぶより給料が高いか安いかで選ぶのです。多くの人が生活のために給料が高いという理由で好きでもない職業を選びます。好きではない嫌いな仕事をするのは精神的に辛いことです。

平原さん。人間の幸福とはどんなことですか。愛する人と結婚するということは幸福です。立派な家に住むということも幸福です。妻や子供と楽しく過ごすということも幸福です。しかしそのような幸福追求は好きな仕事をするという人間活動の幸福を犠牲にしてしまうのです。そうは思いませんか平原さん。」

平助は伊礼院長の話に反発した。

「わしが丸橋製鉄会社に就職したのは十六の歳でした。会社に入った頃は一日中鉄くずの山で鉄の仕分けや鉄くずを溶鉱炉まで運ぶ仕事をやったものです。ちっとも楽しくなかった。しかし、最初の頃は辛いと感じますが慣れてくると辛いとは感じません。楽しい時もあります。辛いときもあります。鉄くず係りから鉄筋や鉄板を造る仕事に昇格して新しい技術を覚えるようになると仕事のやりがいも出てきます。仕事とはそんなものだと思います。仕事は生活のための給料をもらうためにやるというのは当然です。好きな仕事でも辛いことはあるし、嫌いな仕事でも続けているうちに好きになるということもあります。好きな仕事をやるということが人間の幸福とは必ずしも言えないと思います。」

「ほう。それはどういうことですか。」

「好きな仕事でも給料が安ければ不幸です。貧乏生活が幸せなんてそれは嘘だ。」

「平原さんの話は尤もなことです。しかし、平原さんの考えが全ての人に当てはまるとは限りません。ある有名な演歌歌手の話ですが。売れない時代は神社の境内で十人足らずの客を前で歌ったり、駅前で歌ったり小さな広場で歌ったりしたそうです。でもその演歌歌手は幸せだったそうです。飲まず食わずの生活が十五年以上も続いたそうです。しかし、彼女は歌い続けました。自分のオリジナル曲を歌っているときが彼女にとって一番幸せだったから貧乏な生活も平気だったのです。結婚をして歌が歌えなくなることを恐れている彼女は今でも独身です。彼女の幸せは結婚して子供を育てることではなく歌手として歌い続けることだったのです。」

「先生。世の中は広い。結婚しない人がいても不思議ではない。でも、そんな人は人間としてどこか欠陥のある人だとわしは思います。そんな人が世の中に多く居ると人類は滅びてしまいます。なぜ世の中には男と女が居るか。それは男と女が結婚して子供を生み育てるためにあるのです。子々孫々を絶やさないためにあるのです。」

現場仕事一筋の平助は討論になれていないながらも、丁寧語を織り交ぜながら懸命に伊礼院長に反論した。

「それはそうです。でもね平原さん。結婚して子供を生み育てるのはライオンなどの動物もやります。植物だって子々孫々を絶やさないために種を作ります。人間だけが子供を生み育てるのではありません。むしろ子供を生み育てるのは人間的な活動というより動物的な活動といえます。人間的本能というより動物的本能、生命あるものの持つ本能です。人間も動物なのです。人間の動物的な本能が結婚をして子供を生み育てさせるのです。

結婚をしないで子供を育てることをしなかった演歌歌手は人間として欠陥があったのではなく動物として欠陥があったのです。」

平助は伊礼院長に侮辱されたようで腹が立ってきた。梅子と二十五歳の時に結婚して四人の子供を育てた。小さなアパート暮らしから始まり三十代半ばには長期ローンで一戸建て住宅を買った。三人の娘は高校、一人息子は大学まで行かせた。家が貧しく高校に行けなかった平助は自分の子供を高校、大学まで進学させるのが夢であった。中学卒では給料は安く職業は自由に選べない。中学卒の苦労や惨めさを体験した平助だったからこそ子供には高校や大学まで行かせて「立派な仕事」をして欲しかった。平助の人生は子育てのためのお金を稼ぐための人生だったと言っても過言ではない。家と工場を自転車で行き来し、夜遊びもしないで夜はテレビを見ながらコップ一杯のあわもりを飲んでから眠る。子供たちが大きくなると狭いアパート生活から子供に勉強部屋を与えるために一戸建て住宅に移った。建売住宅の長期ローンと子供の養育費を中心に家計は組まれ、子供の養育費が高い時期にはタバコと酒を断ったこともある。子供の将来のために身を粉にして働いてきた平助の半生を動物と同じ扱いするのは平助を侮辱するものであった。平助は反論した。

「先生。家族を大切にするのが人間にとって一番大事なことではないですか。先生は仕事もしないで遊んでいる人間の方が人間らしいと言っているが、それはとんでもないことだ。朝からパチンコ屋に入り浸っている人間。花札ばくちをやっている人間。わしに言わすれば歌手とか芸能人とかプロ野球の選手も博打をやっているようなもので。博打をやっているのが人間的で真面目に働いている人間が動物的なんてことは間違った理屈だとわしは思います。そりゃあ動物は博打ができない。博打をするのは人間だけです。でも博打をやるのはまともな人間ではないです。」

伊礼院長は平助の怒りに困惑した。

「パチンコや花札賭博と歌手や芸能人、プロスポーツは違います。」

「いいや違いません。同じです。売れて有名になれば億万長者になれるが、億万長者になれるのはほんの一握りの人間です。売れない歌手や芸能人の方が多い。歌手や芸能人なんて博打打ちと同じです。」

「平原さん。それは誤解です。」

伊礼院長は苦笑いした。

平助の遺言

最初にマルクス老人ホームに行った時、伊礼院長から色々な話を聞いたが、わしには難しくよくてわからなかった。伊礼院長と話している時に株を売買しているというマルクス村の人が入ってきた。老人ホームに入っているのに株の商売をしている人が居ることには驚いた。名前は上原さんと言って、上原さんは癌の末期で余命が一年と医者から宣告されている人間だった。上原さんは伊礼院長と癌の薬のことで話し合っていた。上原さんは株の売買をやるために延命の薬より痛み止めの薬と頭がすっきりする薬を要求していた。それにはびっくりするやら呆れるやらだった。上原さんは死ぬことに平気でいられたのだ。人間は長生きしたいというのが本能だから上原さんの気持ちはわしには理解できなかった。老人のくせにうそぶいているとしかわしには思えなかった。しかし、延命の薬より頭がすっきりする薬を望む上原さんの生き方に興味が湧いたことも確かにあった。株の商売で金を儲けても死んでしまったら儲けた金を使うことはできない。いや、余命が一年であるなら株の商売を止めて旅行などをして残りの人生を楽しむことが当然なのに上原さんは株の商売を死ぬ寸前までやるというのだ。パソコンの前で株の売買をしながら死ぬのが上原さんの本望であると言っていた。役者が舞台の上で死ぬのが本望であるというのと似ているが、世の中には風変わりの人がいるものだなと思った。しかし、延命を望まないくらい仕事に情熱を燃やすことができる上原さんの生き方が羨ましいとも感じた。

梅子が死んで独りになったわしは上原さんのように生きることができれば残りの人生を退屈しないで生きることができる。旅行をしたり温泉に行ったりゲートボールをするような生活はわしにはできなかった。梅子が一緒なら旅行や温泉に行くのも楽しかっただろうが一人ではちっとも楽しくない。もし、わしも上原さんのように延命を望まないくらい情熱を打ち込む仕事を見つけることができたら、残りの人生がどんなに素晴らしいだろうと考えると、マルクス老人ホームに興味が湧いてきた。わしに情熱が湧いてくるような仕事があるかどうかという不安はあったが、そのような仕事が見つかることに期待するようになった。わしはマルクス老人ホームについてもっと詳しく知ろうと決めたのだ
上原さんは本望を遂げた。余命一年と言われていたのに半年しか命は持たず、パソコンの前で上原さんの命は果てたという噂だ。

第二章

二階に三つの子供部屋。一階には居間、台所、風呂場、夫婦の寝室。妻の梅子、長女のゆりえ、次女のたまき、三女のさちえ、長男の松雄。夫婦と子供四人の六人家族。家族の生活を支えた平助の仕事。それら全てが平助の前から消えて、残ったのは家という物言わぬ空間だけである。平助は朝起きるとテレビを点ける。お茶を入れテレビの前で独りお茶を飲む。テレビは見る気がしない。しかし、テレビの賑やかな音が消えると静寂が家の中を覆い、独りでいることをいっそう感じてしまう。テレビから聞

こえてくる笑い声や喧騒が独りでいることを紛らわしてくれる。

二週間後。平助は再びマルクス老人ホームに行った。伊礼院長に会って話を聞くのが目的であったから、マルクス老人ホームに電話をして伊礼院長が平助と面談してくれる日時を決めてから行った。

「人間にとって楽しい仕事と辛い仕事の区別があります。楽しい仕事とは楽な仕事という意味ではないですよ。辛い仕事というのはハードな仕事という意味でもありません。人間は考えることができます。例えば犬小屋を造る時、犬小屋の完成した様子を頭で描くことができます。そして、頭で想像した犬小屋に合わせて材料を集めて犬小屋を作ります。人間にとって楽しい仕事というのは頭で考え、想像したものを作ることです。逆に辛い仕事というのはチャップリンの映画にもあった一日中ねじを回すだけのような単純な強制された仕事です。考えることが禁じられ、ロボットのように単純な仕事をやるのは人間にとって最も辛い仕事なのです。人間の本来の仕事の喜びというのは自分が作りたいものを作ることにあります。そして自分の作品が他人に消化されて喜ばれることが自分の喜びとなるのです。人間は誰でもこの人間の本能が備わっています。私の知り合いの精神分析医の話ですけどね。」

伊礼院長は知人の精神分析医が体験したある患者の話をした。

その患者は四十代半ばの主婦であったが、義母が大怪我をして寝たきりになった。彼女がパートをしている日はホームヘルパーに介護をさせていた。夜や休日は彼女が介護をしていたが、主婦は義母の介護を続けているうちにノイローゼになっていった。寝たきりの義母は大腿骨を骨折していて専門的なリハビリをしなければならないが主婦にはリハビリの知識がないし、リハビリができないことで義母の介護に自信がなくなり、介護の自信喪失からノイローゼになっていると精神分析医は判断した。精神分析医は患者の症状に合わせて治療をしたのだが主婦のノイローゼはひどくなるだけで快方に向かう兆しは見えなかった。ホームヘルパーの介護を義母が嫌がったために、その主婦はパートを辞めて義母の介護をすることになった。ところがパートの最後の日にその主婦は自殺してしまった。

精神分析医は主婦のノイローゼの原因は義母の介護が原因であり自殺する程の問題ではないと考えていたのに主婦は自殺をした。精神分析医は主婦が自殺することを予想していなかったので、なぜ彼女が自殺をしたのか彼女の精神分析をやり直した。するとい以外なことが判明した。

その主婦はカラーコピー機の屋台式組み立て工場で働いていた。屋台式組み立てというのは一人で一台のカラーコピー機を組み立てる方式で八〇〇もある部品を一人で組み立てる。八〇〇もある部品を組み立てる作業なのだから大変だろうと思いがちだが、慣れてくると一台のカラーコピー機を自分ひとりで組み立てたのだという達成感があり、ベルトコンベア式の仕事にはなかった達成感と満足感が得られる。その主婦は自分の作ったカラーコピー機が隣街の図書館に設置されているのを知り、図書館で自分が造ったカラーコピー機を利用している人々の様子を見に行った。自分の造ったカラーコピー機が多くの人に利用されて役に立っていることを知り主婦は非常に感動した。コピー機を利用している老絵描きが主婦の作ったカラーコピー機は他の店のカラーコピー機より遥かに写りがよいから主婦の造ったカラーコピー機を利用していると言ったので主婦は天に昇るほどに喜んだ。それからの主婦はカラーコピー機を組み立てる仕事にますますやりがいが出てきた。

実はノイローゼの深層の原因はやりがいのあるカラーコピー機組み立ての仕事を辞めなければならないことにあったのだ。つまりノイローゼの表層の原因が義母の介護をする自信喪失にあり、他方深層の原因はカラーコピー機組み立て工場を辞めなければならないことにあった。彼女は自分の作ったカラーコピー機が多くの人に利用されているのを実感し、カラーコピー機を生産する喜びを知った。つまり本能としての人間の生産活動の喜びを経験した。その喜びは彼女が理解している以上に彼女の深層の心では強力な喜びだったのだ。だから義母の介護のために仕事を辞めるということを表層心理では納得していても彼女の深層の心ではパートを辞めることを拒否していたのだ。表層と深層の二重構造のノイローゼに精神分析医は早く気づいて義母の介護の問題と仕事の問題の両方をカウンセリングしなければならなかった。しかし、精神分析医がノイローゼの深層の原因を突き止めるのが遅くなり、精神分析医が治療を施す前に主婦は自殺した。

「人間の本能には生産をする喜びだけでなく生産した物が消費者に歓迎されたいというのがあるのです。平原さんには信じられない話かも知れません。自殺した主婦は内気で気が弱く自分に自信がなかった。その主婦が生まれて初めて自分の造ったカラーコピー機がカラーコピー機を使う人々に喜ばれていることを知り、カラーコピー機を造ることに生き甲斐を持った。ささやかな生き甲斐ですが彼女にとってはとても大切な生き甲斐だったのです。人間の本能のことですから社会的な存在価値が小さいか大きいかの問題ではないのです。大小の違いこそあれ人間の心の底には生産活動本能というのが誰にでもあるのです。」

自殺した主婦の話は平助には難しくて理解できなかった。

「家族のために働いてきた仕事が定年退職を迎え、年金生活をするようになった時、人間は強制された動物的労働から解放されるのです。年金と預金があり仕事をしなくても生活ができるから仕事をしないで海外旅行をしたりダンスを習ったりゲートボールを楽しんだりするのもそれはそれでいいと思います。長年の辛い労働から解放されたのですから余生は楽しく遊んで暮らすのもいいでしょう。趣味の盆栽や登山をするのもいいと思います。

しかし、人間の本来の姿は生産活動にあるのです。造りたい物を造る。自由な発想で物を生産する。生活のためや給料をもらうために物を造るのではなく自分の喜びのために物を造るのです。老後というのは社会の役目を終え人間としての存在価値も薄れたように思いがちなのですが、そのように理解するのではなく動物的に強制された労働から解放されて人間的に自由な生産活動ができるチャンスがやってきたと理解するべきなのです。」

「平助さん。百年前にフォードがベルトコンベア式で自動車を生産する工場を作りました。ベルトコンベア式というのは車の骨組みをベルトコンベアに載せて移動させながら車の組み立てを流れ作業で製造することです。エンジンを載せる労働者はエンジンだけを載せ、ドア取り付ける、シートを取り付ける、ハンドルを取り付けるのもそれぞれ分業化しました。そうすることによって車の生産が倍増し値段も安くなったのです。フォードの夢は安い車を作って多くの人が車を持つことでした。ベルトコンベア方式の生産システムは車の生産力とコストを安くすることに成功し、今ではほとんどの人が車を持てるようになりました。

平助さんが退職した会社は鉄筋製造会社です。平助さんは一日中鉄筋を作りました。ビルを作る時には鉄筋を組む人、枠を組み立てる人、モルタルを流し込む人、電気工事をする人、配管工事をする人、内装工事をする人と、ビルが完成するには色々な専門家の分業によって作り上げられます。その方がしっかりしたビルが早く安くできるからです。平助さんは何十年も鉄筋を作り、鉄筋工は一日中何年も鉄筋を組み続け、枠作り大工は年中枠作りをします。鉄筋工も大工も設計図に指示された通りのものを作ります。そこには自分の考えを入れる余地はありません。

自動車工場ではエンジンを載せる人は一日中エンジンを載せ、ハンドルを取り付ける人は一日中ハンドルを取り付けるのです。チャップリンの映画にありました。一日中ボルトを締める仕事をしている男が次第に頭がおかしくなっていくという物語です。人間が歯車の一部にさせられるのがベルトコンベア式の大量生産方式であり、大量生産をするために人間が歯車の一部にされてしまう。単純で味気ない仕事をなぜ人間はやるのでしょう。それは給料をもらうためです。生活のために単純で味気ない仕事を人間はやらなければならないのです。しかし、単純で味気ない仕事が生み出す製品は安くて安定した品質のいい商品で、人間の生活を豊かにするにはとても都合のいいものです。

会社を人間に例えるとすると社長や製品を開発したり設計する研究家が人間の脳の役をやり、直接製品を生産する人は人間の手足の役をやるということになります。脳の部分の人は考える仕事をやり手足の部分の人は肉体を動かす労働をして直接生産をします。ですから、分業化された会社全体は人間のようなものです。人間のように考え、考えたことを行動しているのです。会社は分業をすることによって人間の生活を豊かにする製品を作ります。会社で働く人は給料をもらって自分の生活を豊かにするのが目的です。そのような労働は生産活動は辛く、消費活動は楽しいということになります。

会社をひとりの人間と仮定すると会社という人間には人々が望む製品を作る喜びがあります。しかし、会社の内部は分業社会であり人間の脳の役をする社長は会社が儲かることに喜びを感じ人間の手足の役をする労働者は給料が高くなることに喜びを感じるのです。だから、会社の人間には人間として生産する喜びを感じるのは居ないということになるのです。会社で働くとはそういうことであるし、社会人であるということは社会が豊かになるために人間としての生産活動の喜びを犠牲にするということなのです。

定年退職後は働くことから引退するのではなく、社会生活のために働く義務から開放されたのであり決して働くことを引退したのではありません。弁護士や医者に定年退職はない。漁師や農民にも定年退職というものはありません。俳優、歌手、陶芸家、染色家など定年のない職業は多いです。定年退職は企業に雇用されている人間にやって来るものであり人間みんなにやって来るものではありません。

自分の働く喜びを得るための仕事とはなにか。それは自分が社長であり労働者であり販売員でもあるような仕事です。つまりなにを生産をするかを自分で決め、自分で作り、作った品物を直接お客に売るということです。買ったお客の顔が見えるし客の喜びは自分の喜びとなるのです。

自分の働く喜びを得るための仕事とはなにかというと個人企業として生産活動をする仕事ということになります。ですから飛行機とか自動車を作ることはできません。業種は限られてきますが個人企業でできるのは数多くあります。家具製作、人形作り、染物、アクセサリー、彫金、キノコ栽培、果樹栽培などいくらでもあります。その中から自分がやりたい仕事を選択すればいいのです。

マルクス村ではホームページを作製して商品を作った人と商品の紹介を写真と一緒に掲載します。そしてインターネットで国内だけではなく世界中の人に宣伝していきます。老人が作ったということで同情をして買うお客も居ますのでマルクス村発の商品はよく売れています。

権助さんのマンゴーは世界中から注文が来てすぐに売切れてしまいます。八代静子さんの肖像画も人気があり注文は殺到しています。

商品を買った人の感想や意見はメールで送ってくるし掲示板に書きこむ人もいます。買った人の感想や意見は必ず製作者に知らせます。作る人売る人買う人が三位一体となっているのがマルクス村の特徴なのです。これが理想の生産と消費の関係です。」

「マルクス村の生産活動はひとりまたは共同作業で造れるものに限られています。個人作業が条件なのです。タンスや木のベッドやテーブルを作っている人がいます。焼き物、機織り、染め物、彫刻。農業では野菜、きのこ栽培、それに果樹園をやっている人もいます。街に出かけてなんでも屋をしている人もいます。手品や芝居や歌を商いにしている人も居ます。それぞれの人がやりがいのある生産活動つまり仕事を見つけてその仕事をやるのです。私たちは仕事がうまくいくようにサポートします。

静香さんは三年前にマルクス村の住人となりました。若い頃には絵画コンクールで最優秀賞をもらう程の才能がありましたが結婚をしてから絵を描くのを止めました。静香さんはマルクス村に来てから肖像画を本格的にやりたいというので肖像画の先生の元で一年間勉強してもらいました。今では注文が殺到しています。しかし、静香さんは金儲けが目的ではないのでマイペースで肖像画を描いています。そのことが素晴らしい絵を描くことになり、静香さんの人気はますます高まっています。

もし、平原さんが陶芸をやりたいのなら陶芸の専門家に平原さんを指導させます。そして平原さんが作品を作ったら私たちのホームページに掲載して宣伝します。お客との交渉や発送は私達がやります。お客との対話もできます。」

「老人ホームで商売をするということですか。」

平助の無遠慮な質問に伊礼院長は苦笑いした。

「ううん、まあ。商売をすると言えば言えなくもないのですが、なぜこのようなことをやるのかその意義を知ってもらいたいのです。人間の本来の労働つまり生産活動を経験し、義務としての労働ではなく自由の労働は楽しくてやりがいのあるものであるということを知って欲しいのです。」

伊礼院長の話を聞いて、梅子がマルクス老人ホームに入りたい理由が分かった気がした。

平助の遺言

正直言ってな、停年退職は嫌だった。給料は半分でもいいから仕事は続けたかった。何十年も仕事をやってきたのだ。仕事はわしの体に沁みこんで体の一部になっていたのだ。

マルクス老人ホームに入りマルクス村の住人になったのは仕事をしたかったからだ。しかし、色々な仕事はあったがわしが気に入る仕事はなかなか見つからなかった。木彫りは技が細かいので不器用なわしには向いていない。木工もわしは自身がなかった。機織りとか染め物とかはやる気になれない。インターネットで情報誌や小説や専門誌を発行したり株の売買などをやっている人もいたがインターネットなんかとてもわしにはできない。

マルクス村でやる仕事はひとりかグループで製作する仕事に限られていた。だから色々な仕事があるわりには職種は少ないので、わしがひとりでやれる仕事は非常に限られていた。わしのような人間ができるのはせいぜい農業くらいだった。仕方がないから野菜作りでもしようかと悩んでいたら、ある日、刀を作りたくなった。子供の頃からチャンバラ映画が好きだったからかも知れない。刀というのは男の憧れるものだ。刀の形や波紋や輝きは美しい。

わしは刀工になりたいと願い出た。するとマルクス村の安村村長は刀工を探してくれた。マルクス村の方針は入所者がどんな仕事を希望しても無理だから止めなさいとは言わずに希望に添って仕事を紹介することだった。刀工の住む家はマルクス老人ホームからおよそ三十キロほど離れた町にあったが安村村長はわしを刀工の家に連れて行き、わしを紹介してくれた。しかし、刀工に会った日にわしは刀工になることをあきらめた。刀を造るのは非常に大変で難しいことを知らされたからだ。でも、刀工はマルクス村の主旨に賛同してくださってな。刀を造るのは無理でもナイフのような小刀は一年の修行で作れるし、果物ナイフから始めて包丁を作れるようになればいいと助言をして、果物ナイフや包丁なら売れるからと小刀造りを指導しましょうと言ってくれた。

一年の間、わしは刀工の家に泊まりこんで小刀造りの修行をやった。なんとか合格点をもらってマルクス村で小刀造りを始めた。小刀造りの修行から設備を整えるまで百万円くらいの費用が出たが、新しい仕事ができる嬉しさに比べたら安いものだ。本当の人間の生産活動というと大げさであるが、とにかく物を造る喜びを体験できたのは孤独な老人なまま生きていくしかなかったわしにとってはとても幸せなことだった。梅子にも体験させたかった。

マルクス村ではわしらが作った製品はインターネットで売ってくれる。近隣の公民館などでフリーマーケットを開いて売ることもあるし祭りや公園で売ることもあった。老人ホームの入所者が作った製品ということで善意の人が買ってくれるからけっこう売れた。テーブルの上にカーペットを敷いて、作った小刀をカーペットの上に並べて売るのだ。始めの頃は気恥ずかしくて自分の店には誰も来てほしくなかった。素人であるわしが手作りした小刀を売るというのも気が引けた。無料同然の品物を高く売っているような気がしてな。客に高いなあと言われると恥かしくて恥かしくてなにも言えなかった。無料で客にあげてさっさと引き上げたい気持ちだった。

最初の頃は恥かしくて客呼びの声が出せなかったどころか客の質問にも答えることができなかった。喋るのは若い頃から苦手だったからのう。しかし、ボランティアの人が対応のやり方を教えてくれて、出店を重ねているうちに少しずつ慣れてきてなんとか客と話せるようになった。

フリーマーケットを続けているとわしの造った小刀を買ってくれた人がやってきて、わしの造った小刀はよく切れると誉めてくれる時もある。その時は本当に嬉しくなるものだ。

製鉄工場の仕事に比べて小刀造りは遊び半分のような仕事だ。工場では鉄屑を大きい溶鉱炉で溶かすが小刀造りは溶鉱炉の何百分の一のおもちゃのような小さな釜で鉄を溶かす。製鉄所では何十メートルもある真っ赤な鉄筋が次々とローラーの上を転がって出てくる。一瞬の油断もしてはならない製鉄工場の仕事に比べて小刀造りはのんびりとした手作業だ。まるでままごとみたいなものだ。仕事のやりがいや充実感は工場の仕事の方が大きい。最初はそう思っていた。でもな、なんていうか。楽そうに思えた小刀造りも工場の仕事とは別な面では工場の仕事よりきつい面があることに気づいた。

工場の仕事は決められたことを守り、鉄屑が溶鉱炉に入ってから鉄筋が作られ、工場から運び出されるまで順調に仕事をこなしていくことが重要だった。気の緩みは事故に繋がるし、油断が生産工程にミスを生み出し工場の機械がストップしてしまう。溶鉱炉の操作を誤ると不良製品を出してしまう。仕事はいつも緊張状態を保ち、仕事仲間との連携をスムーズにすることが大事だった。

工場の仕事は流れ作業をスムーズにこなせばそれで十分だった。鉄筋の品質にわしたち工場の者が気にする必要はなかったし、鉄筋が売れる売れないはわしらには関係がなかった。給料さえきちんともらえればそれで満足だったし、給料をもらうために仕事をやっていた。しかし、小刀造りは工場の時は気にする必要がなかった品質というものに責任を持たなくてはならない。切れない小刀を売ったら文句を言われるし売れなくなる。小刀が売れるにはよく切れる小刀を造らなければならない。当然のようだが工場の仕事を長年やってきたわしは当然のことを忘れていた。

自分が造りたいものを造るだけでなく人が必要とするものを造る。この二点が大事であると伊礼院長と安村村長はいつも強調していた。自分が造りたいものだけを造るのは趣味であり自分だけが満足するものである。人が必要とするものだけを造るということは自分を犠牲にして給料をもらうのが目的の仕事である。家族の生活のために働くことは人が必要とするものを造って給料をもらうことだ。老人になってリタイアした人は自分が造りたいものを造って趣味を楽しむということだ。その二つは人間の労働としては片方が欠けているということだ。家族がいる時は給料のために働くのは仕方がない。しかし、定年退職した後は自分が造りたいものを造ることと人が必要とするものを造ることを融合させた物造りをすることができる。そのような仕事が人間の生産活動としては一番いいことだと教えられた。

果物専用、野菜専用、豚肉専用、牛肉専用、魚専用、刺身専用と小刀の種類は沢山あり造り方も多種多様だ。よく切れて使いやすい小刀を造るためには毎日が勉強だった。毎日が研究だった。小刀を使う人の意見を聞いて勉強して研究して小刀の質を高めるということは苦しいことではあったが楽しいことでもあった。工場で働いていた時には味わうことができなかった、とても生き甲斐を感じる小刀造りだった。そして質を高めていくと小刀は美しくなるのだ。実に不思議なことだった。

わしは梅子の導きでマルクス老人ホームを知り、マルクス村の住人となった。マルクス村の片隅で独りでこつこつと小刀造りをやっていたがとても充実した毎日だった。梅子がマルクス村の住人になれなかったことはとても残念だ。梅子はマルクス村に入居して自分のやりたい仕事をしたかっただろう。

梅子はマルクス村をじっくりと見学したようだ。機織りをしているカツさんが梅子を覚えていた。梅子は機織りの仕方について詳しく質問したらしい。梅子を覚えていたのはカツさんだけではなかった。染め物をしているヨシさん。陶芸をしている文太郎さん。指輪造りをしているりんさんたちも梅子を覚えていた。梅子はどんな仕事をしたかったのだろう。機織りか染め物かそれとも陶器造りか。わしと梅子の作業場を建てて、一緒の場所で仕事をしたらもっと楽しくて充実した日々が過ごせたに違いない。

梅子が生きていて一緒に仕事ができていたらどんなに素晴らしいことだったろう。梅子が根を詰めて機織りをしていたらわしが梅子にお茶を入れる。今はそれができる。わしは梅子にお茶を入れたことが一度もなかった。夫の領分と妻の領分があって、お茶を入れるのは妻の領分と考えていたから梅子が家に居る時はわしはお茶を入れる気は起こらなかった。わしはそれを当然だと思っていたし習慣になっていた。結婚して子供が生まれ、子供を育てるために新居を立てた。家庭の生活がうまくいくために仕事を頑張っている頃のわしには梅子にお茶を入れるという気持ちが湧いてこなかった。子供が独り立ちして、わしと梅子の親としての役目が終わり、マルクス村でわしと梅子の新しい人生が始まっていたら、わしが梅子にお茶を入れてあげることができただろう。しかし、梅子はもうこの世には居ない。

わしは工場にこき使われ、工場にこき使われたわしに梅子はこき使われてきたのではないだろうか。太平洋戦争に敗れ、誰も彼もが貧乏だった時代に育ち、一軒家を持つことが夢であり、子供に立派な教育を受けさせ一流の会社に就職させるのがわしたち世代の大きな夢であったから、お前が東京の会社に就職して、ゆりえ、たまき、さちえも高校に進学し銀行や建設会社に就職できたのだからわしと梅子の夢は実現したと言える。だから、「わしは工場にこき使われ、工場にこき使われたわしに梅子はこき使われてきたのではないだろうか。」という考えは後悔をしているわけではない。わしは梅子とお前達との暮らしは幸せだったと思っている。梅子に感謝しているし幸せな家庭を築いているお前達にも感謝している。しかし、マルクス村に入所して小刀造りを体験してみると、梅子と結婚をしてお前たちが生まれてからわしが定年退職するまでの間は「わしは工場にこき使われ、工場にこき使われたわしに梅子はこき使われてきたのではないだろうか。」というのがわしの素直な感想だ。梅子はわしにこき使われたままで死んでしまった。こき使われる人生から開放される前に死んでしまった。そのことが悔やまれる。
梅子にはわしと一緒にマルクス村に入所して梅子がやりたい仕事をやってもらいたかった。ユリさんやキクさんが工房で仕事をしている姿を見ていると梅子が機織りをしているような錯角に陥る。黙々と機織りをしている梅子。洗濯や食事の準備や買い物や掃除やわしにお茶を出すなどの家庭の雑用に追われることのないゆったりとした時間が流れる世界で黙々と機織りをしている梅子の姿を思い浮かべてしまう。家族を守りお前たち子供を育てるのが梅子の幸せであった。しかし、もう一つの幸せをマルクス村で梅子は見つけることができただろう。

実は、梅子と大喧嘩したことが一度ある。離婚をするぞと脅したくらいの夫婦喧嘩だった。お前が東京の大学に合格して二年目の時だった。末っ子のさちえが中学生になり子供に手が掛からなくなったからという理由で梅子は小料理屋で働きたいと言い出したのだ。夜の仕事をするのにわしは大反対した。梅子は老後のためにお金を蓄えたいとか子供の養育費や家のローン返済を楽にしたいとか色々な理由をつけてきた。それなら昼の仕事をすればいいとわしが言うと梅子は昼はパートしかないし収入が少ないから収入が昼のパートの二倍近くもある小料理屋で働きたいと引き下がらなかった。パートの収入が二倍近くもある小料理屋にこだわったことにわしのプライドは傷ついた。まるでわしの収入が少ないから小料理屋の仕事をすると言っているようなものだ。わしは激怒した。小料理屋で働くなら家を出て行けとまで言った。定年退職したらわしと二人で小さな小料理屋をやっていきたいからとも梅子は言ったがプライドを傷つけられたわしには聞く耳を持たなかった。小料理屋のことで夫婦喧嘩したのは一週間だった。梅子は小料理屋で働くことを諦めたようでその後は小料理屋の話はしなくなった。

今から考えると、梅子は情熱を傾けることができる仕事をしたかったのだろう。しかし、四十歳を過ぎた女が会社の正社員になれるはずもないしその能力もない。梅子はスーパーのパートや生命保険のバイトのようなものではなく本格的な仕事をしたかったに違いないが、昼の仕事で梅子が本格的にできる仕事は見つかるはずはない。だから梅子は小料理屋を選んだのだろう。梅子は料理が得意だったしわしと違って世間付き合いもよかった。小料理屋なら本気になってできる仕事と考えたかも知れない。

短気を起こさないで梅子に小料理屋の仕事をさせてあげればよかった。ゆりえとたまきは高校生でさちえは中学生だったからウメ子が夜の仕事をしても困ることはなかった。わしの浅はかな男の意地が梅子の夜の仕事を許さなかった。あの時、梅子が小料理屋の仕事をするのを許しておけば、定年退職した後にわしと梅子は小料理屋をやっていたかも知れない。

マルクス村に入居できなかった梅子が哀れだ。とても残念だ。

でも、今さら嘆いてもどうしようもない。

終章

平助の小刀造りは三年が過ぎる頃にはインターネットで売れるようになり注文に追いつけない程になった。始めの頃はよく切れる小刀造りに情熱を傾けていたが、客との対話を重ねる内に、果物、魚、野菜、豚肉、牛肉を切るのに適した小刀を造ることに興味が拡大した。

しかし、好事魔多し。マルクス村に入所して七年目の冬に平助は椎間板ヘルニアを患った。平助の小刀造りは腰の痛みの影響で困難になった。しかし平助は小刀造りを止めることはしなかった。小刀の生産量は減ったが平助は腰の痛みに耐えながらも小刀造りを続けた。

平助がマルクス村に来てから九年目の春に平助の小刀造りに終止符を打つ時がきた。平助は脳梗塞になり命は助かったが左手と左足が動かなくなりベッドの上の生活になった。平助は小刀造りができなくなり、ベッドの上で毎日を過ごすようになった。

平助の遺言

わしは人間として生きることができなくなった。絵を描く人間であるなら右手だけで絵を描くことができるから人間としての活動ができる。小説などを描く人は右手だけ動かすことができるならパソコンを利用してベッドの上の生活でも人間としての活動をやっていける。しかし、小刀造りは腰が駄目で左半身が麻痺している人間にはできない。ベッドの上で動けない体にいらいらしながら余命を長らえているのは辛い。毎日、小刀を造っている夢を見て、夢から覚めて空しい気持ちになる。日増しに梅子に会いたい気持ちが募ってくる。梅子に会いたい。梅子に会って夫婦の語らいをやりたい。梅子にマルクス村の話を一杯やりたい。マルクス村に導いてくれた梅子に感謝の気持ちをこめてな。

わしはひとりぽっちだ。このひとりぽっちの心を埋めることができるのはこの世にはひとりもいない。わしのひとりぽっちの心を埋めることができるのはあの世にいる梅子しかいない。

梅子に
お茶を入れて
あげたい。
一日も早く
梅子に会って
わしの感謝を込めて

梅子にお茶を
入れるのだ。
梅子は
おや、まあ。
あなたがわたしにお茶を
入れるなんて
奇跡だわ。
と言って、
笑い転げるだろう。
梅子は
快活に
愉快に
笑い転げるだろう。
わしの感謝を込めて
入れたお茶を
飲みながら。

啓二の災難

大戦が終わってから十年が過ぎ、
戦争で肌けた赤土から出た草や木の芽は
どんどん成長し、
野や山は緑に覆われ、新しい息吹に満ちていた。
子供たちも草木のように元気よくすくすくと育ち
野や山を駆けていた。
木の実は山に溢れ、
魚は川や海に溢れ、
沖縄の地は戦争から開放されて、
貧しくても生き生きとしていた。

一九五八年八月
カーっと真夏の太陽光線が渡久地の浜辺を突き刺す。
小石なんか粉々にしてしまうような太陽の強烈な熱光線。
汗はぷわぁーっと吹き出る。
空は真っ青。
最上の真っ青。
入道雲はきんきんと真っ白に輝いている。

啓一と博一は小学六年生。
淳二と幸助は小学五年生。
啓二は小学三年生。
啓二は啓一の弟だ。
啓一たち五人の少年は二時間以上をかけて、渡久地の浜にやって来た。
渡久地の浜で魚を釣るのだ。
五人は渡久地の浜から遠く離れた農村の少年たちだ。
山や川で遊ぶだけでは物足りなくなってきた夏休みのある日、
啓一たちは渡久地の浜で魚を釣ることを思い立った。
少年たちの夏休みの大冒険。

渡久地の浜に着いたとたん、
海の香りがぷうんとした。
少年たちはだだっ広い白く輝く砂浜に立ち、
だだっ広い海の向こうからやって来る潮風の香りを胸一杯に吸った。
山の香りとは違う海の潮風の香りだ。
潮風の香りがすると、おお、やっとこさ海に来たぞっていう喜びが湧いてくる。

啓一は六斤缶を抱えている博一と波打ち際に歩いていった。淳二と幸助も二人の後に続いた。啓一や博一や幸助は去年の夏も渡久地の浜に来たが、小学三年生の啓ニだけは渡久地の浜に来るのは始めてだ。生まれて始めての渡久地の浜だ。渡久地の浜の入り口は岩や石がごろごろしていた。啓二は九才。啓一たちより年下だし、体力がなかったから、四人のように一面に小石が点在している砂浜をうまく歩けなかった。啓二は転びそうになりながら四人の後ろをついて行った。

博一が脇に抱えている六斤缶の中には五個のさつま芋が入っていた。さつま芋は渡久地の浜に来る途中で、芋畑から失敬したものだ。うまく魚を釣ることができれば、焼き芋と焼き魚が彼らの昼飯となる。

「さあ、芋を洗おうぜ。」

波がぴちぴちと少年たちの膝を叩く。

啓一と博一は六斤缶からさつま芋を取り出し、海水でさつま芋を洗った。芋から離れた土は海水の中で煙のようにゆらゆらと広がっていく。

「あーまんを取りに行こう。」

啓一は洗った五個のさつま芋を六斤缶に入れてから、皆んなに言った。あーまんとはやどかりのことだ。あーまんの殻を石で叩いて割り、あーまんの腹をちぎって釣りの餌にする。小麦粉と缶詰のさばを混ぜたねり餌で魚を釣る方法もあったが、小麦粉やさば缶詰を買う金があったら飴玉かお菓子を買って食べている。戦争が終わってからまだ十三年。豊かな生活からは程遠く、子供たちはみんな飢えていた。山に行けばギーマやパンクーやクービーやバンシルーなどの木の実を食べ、川に行けばフナや毛蟹やざりがにを焼いて食べ、海に行けば魚を釣って食べていた。家から食べ物を持ち出すことができないその時代の子供たちの野や山や海での遊びは、空腹を満たすために自然界の木の実や魚などを捕まえて食べるという、サバイバルな遊びであった。

農村の子供たちにとって最高の獲物は海の魚であった。川魚とは違い泥臭くなく、味はまるで調味料を使ったようにうまかった。海の魚は家の食卓でも滅多にお目にかかることのできない最高のご馳走である。五人の子供は最高のご馳走である海の魚を食べにきたのだ。魚を釣って楽しむのではない。魚を食べるために釣るのだ。魚を釣って、火を起こして焼き、そして食べる。その一部始終が戦後の貧しい時代の子供たちの遊びであった。

「あそこにいっぱい居るよ。ついてこい。」

リーダーの啓一が歩き出した。他の四人は啓一の後ろについていった。啓二は石ころの多い浜辺をよろよろと、ひとりだけ遅れてしまう。

沖縄戦の時、アメリカ軍は渡久地の浜から上陸をする前に、ものすごい艦砲射撃をやった。アメリカ軍の艦砲射撃で崖が崩れ、崩れた大小の岩が落ちて浜辺を覆った。

浜辺には多くの岩や石がごろごろ転がっていて、その岩や石の間には多くのあーまんが住み付いていていた。四人は海に入り、あーまんを探した。あーまんは小さいと釣りの餌に使えない。親指と人差し指を丸めたくらいの大きさでないと駄目だ。あーまんの群れの中から釣りの餌に使えるあーまんを探すのはけっこう難しいのだ。四人があーまんの群れの中から、釣りの餌に使えそうなあーまんを一つ二つ拾い始めた頃に啓二はやっと追いついてきた。そして、啓二も海に入った。

波がぴちぴちと膝を叩いてこそばゆい。

海に泳ぐ目的で来たのなら、泳ぐのが目的だから海に入るのが好きである。でも魚を釣る目的できた時は、海水着は準備していないし海の中には入りたくない。着ている服を濡らしてしまうからだ。濡れた服を着ているのは気持ち悪い。啓一たちは川で泳ぎ慣れていたから、波があり、塩辛いので海で泳ぐのは嫌いだった。彼らが海に来るのは、いつも魚を釣るのが目的だったから、あーまんを捕るために海に入っている時はできるだけ服が濡れないように気をつけた。

四人は膝の下まで海水に浸かりあーまん拾いをやった。膝以上の深みには、たとえ大きいあーまんが居ても捕りに行かなかった。膝の下なら、普通の高波が来ても波は太ももの高さで止まる。だから半ズボンが濡れることはない。半ズボンが濡れるぎりぎりまでの場所であーまん拾いはやるものだ。

遅れて来た啓二も海に入り、あーまんを探し始めた。しかし、膝にぶち当たる波に翻弄されて、思うように歩けない。海の底は地上とは違って、目測と実際の位置がずれているから、うまく足を運べない、海底の石をよけたつもりが石を踏んでよろけてしまう。ところどころにあるくぼみも深さの目測を間違ってしまい転びそうになる。それにゴム草履を履いていたから、海水の抵抗でゴム草履が足から離れようとする。ゴム草履が足から離れないように足の指に力を入れながら歩くからますます進みにくい。啓二は歩を進めるたびに転びそうになった。それでも、啓二は懸命にもうもうの殻を棲家としているあーまんを探した。でもなあ、あーまん取りは始めてなものだから、まるっこい小石とあーまんの区別ができない。啓二が拾うのはもうもうの殻と似た小石ばかりだ。

「来たぞー。逃げろ逃げろ。」

と突然啓一が叫んだ。海の波はいつも同じ高さではない。たまに腰の高さまで達する大波がやってくる。だからあーまん取りをしている時も、時々沖の方を見て大波の来襲に用心しなければならない。三十メートル沖の方からぶわーっと大波が襲ってくる。

「啓二、早く早く。」

啓二はなぜ兄たちがあわてて岸に向かって走り始めたのか理解できなかった。啓二は大波の存在を知らなかったし、沖の方を見てもいなかったのだ。啓二は兄たちがあわてて岸に走り出しているのを不思議に思って見ていた。

「啓二、波波。」

啓一は走りながら沖の方を指し、ぼけーっと立っている啓二に叫んだ。啓二が沖の方を振り向くとどあーっと大波が目の前。啓二はびっくりして逃げようとした。でも海水の抵抗の中をうまく歩けないからひっくり返ってしまった。ひっくり返ったところに大波がどわーっと来て、啓二の体をふあーっともち上げた。生ぬるい海水が啓二の体を包み、啓二はずぶ濡れになってしまった。

四人はそんな啓二を見て大笑い。啓二は海水がしみこんで重くなった服のままよたよたと岸に這い上がってきた。

「ああ、啓二。おまえ、明日は体がひりひりになるぞ。早く服を脱げ。」

啓一は啓二に服を脱がすと、博一とふたりがかりで啓二の服を絞った。海水に濡れた服をそのまま着けていると、服に海水の塩がこびりつき、塩が膚を痛めて翌日は体がひりひりするのだ。

高い波が引き、波が穏やかになったので四人は再び海に入り、あーまんを探した。啓二だけはあーまん取りをあきらめ、啓一の警告も聞かずに、浅瀬で海に浸かり、ばしゃばしゃ泳いで遊んだ。

「向こうの方に行こう。」

啓一たちはあーまん取りの場所を変えることにした。岩場には期待していた程の釣り餌になりそうなあーまんは居なかった。四人が歩きだすと、啓二もびしょびしょの服のまま四人の後をよたよたとついていった。

「啓二。明日体がひりひりしても知らんぞ。」
と啓一は啓二に忠告したが、啓二は海に来たのが楽しくて、啓二に叱られてもにこにこしていた。
「ああ、しょうがないない奴だ。啓二、服を脱げ。」
啓一は文句を言いながら服を脱がすと博一と二人がかりで啓二の服を絞った。それから服をパタパタとはたいて海水を飛ばした。

啓一たちは渡久地の浜の南側の比謝川河口の方に歩を進めていたが、途中で、一艘のサバニを見つけた。サバニは長い綱につながれて岸から七、八メートル離れた海の上でゆらゆらと浮いている。岸には帆柱やアメリカ軍用のテントカバーで作った緑色の帆や釣り道具、網等が日干しにされていた。サバニの近くに船主は居なかった。海岸や陸の方を見渡したが漁師らしい者は見当たらない。遠くの岩場で釣りをしている男がひとりだけだ。

啓一たち四人はサバニを観察しているうちにサバニに乗りたくなった。四人とも舟に乗ったことがない。水に浮かぶ舟に乗るとどういう感じになるか味わってみたくなるのは啓一たちに限らず、子供なら誰にでもある好奇心がなせるものだ。

啓一は岩とサバニを繋いでいる太い綱を掴んでゆっくりと引っ張った。サバニがゆっくりと岸に近づいてくる。サバニの底が波打ち際の海底にぶつかった。幸助がへさきを掴んだ。四人はもう一度浜辺一帯を見渡した。岩場で釣りをしている大人以外に人の姿は見当たらない。啓一たち四人はお互いに顔を見合わせた。見知らぬ他人のサバニに乗るということは他人の家に浸入することに等しい。見つかれば叱られるだろう。サバニに乗りたいという欲望と見つかったら叱られるだろうという不安が四人の心を交錯し、お互いの目を見合わせた。でも、サバニに乗ってみたいという誘惑が勝っていた。サバニの主は居ない。ほんの少しの時間ならサバニに乗ってもサバニの主に見つかることはないだろう。見つからなければ悪いことをやってもいいというのが子供の心理。啓一は意を決して、サバニに乗り込むことにした。

「お前ら、しっかり掴んでいろよ。」

と言うと、啓一は両手でサバニの縁を掴み、サバニを自分の体に密着させた。

幸助と淳二は不安そうな顔で周りをきょろきょろ見回しながら綱を掴んだ。博一はサバニのへさきを掴んでサバニが沖に流されないように踏ん張った。サバニはへさきを軸にしてゆらゆらと左右に揺れる。啓一は恐る恐るサバニに乗り込んだ。啓一はサバニがゆらゆらと揺れるのでサバニの縁を掴んで中腰に立った。

水に浮かんだサバニは地上の馬車やバスとは違う動きをする。地上の馬車やバスなどは安定している。しかし、水に浮かぶサバニはゆらーゆらーっと左右に揺れて不安定である。気味の悪い動きだ。啓一はサバニの不安定な気味の悪い動きに戸惑ったが、気味の悪い動きに気味悪さを感じるよりも、気味悪ささえ快感になり、サバニに始めて乗ったという喜びが沸いてきた。

「おお、すげえすげえ。」

啓一は始めての体験に感動した。

「僕にも乗せろよ。」

博一が言うと、啓一は興奮しながらサバニから降りて、代わりに博一が乗り込んだ。

博一はすぐにサバニに慣れて両手でサバニのへりを掴むと左右に揺らした。

「おお、最高最高。」

サバニの主に見つかったらこっぴどく叱られるかも知れないと思いながらも、サバニに乗りたいという誘惑に負けて、四人は変わりばんこにサバニに乗った。臆病な啓二はサバニに乗るのが怖いらしく、不安そうに四人の行動を見ていた。

「お前も乗れよ。」

啓一が言うと啓二は後ずさりして首を横に振った。

「ちぇ、弱虫め。お前が僕の弟だと思うと情けなくなるよ。」

四人は次第にサバニの揺れに慣れ、サバニの船主に対する警戒心も薄れ、もっとサバニの乗り心地を堪能したくなってきた。啓一たち四人は岸に着いたままのサバニでは満足しなくなってきた。サバニに乗って岸からもっと離れてみたいと四人は思い始めた。サバニは綱で繋がれているから沖の方に流される心配はない。四人はサバニに乗り込んだ。啓一は係留している綱を掴んでサバニが岸から離れないように引っ張りながら、啓二を呼んだ。

「啓二、お前も乗れ。」

啓二は後ずさりをした。

「怖くない、怖くない。こっちに来いよ。」

兄の命令には強い強制力がある。啓二は恐る恐るサバニに近づいた。博一が啓二の腕を引っ張って、啓二をサバニに乗せた。始めてのサバニに足を下ろした啓二は足裏に奇妙な感触を感じた。家と同じ分厚くて堅い板の床なのに、サバニの床は土台がしっかりしていなくて、妙にゆらゆらと不安定である。家のびくとも動かない床とは全然違う。啓二は不安になって座り込んだ。

「さあ、出発進行。」

啓一は掴んでいた綱を離した。サバニはゆうっくりと岸から離れていく。ぴちゃぴちゃと小波が船体を叩く。ゆらーりと大きい波がサバニを揺らす。啓二は座りこんでいたが、啓一と三人の少年は中立ちで、小さな不安を抱きながらも、サバニが浜から離れてゆくのにわくわくしていた。やがて海の底が見えない深い場所にサバニは移動した。サバニにがくんという衝撃が走り五人の少年たちは倒れそうになった。サバニが沖に流されるのが止まった。岩とサバニを繋いでいる太い綱がぴーんとなって、次にぱしゃーんと海面を叩いた。それからサバニは綱が一杯になった状態で、波間をゆらゆらと揺れた。

「目指すはラバウル島。」

啓一は右手を突き上げた。

「目指すは沖縄。」

博一も啓一を真似て右手を突き上げた。淳二も二人に次いで右手を突き上げた。しかし、目指す場所が思いつかない。啓一と博一は淳二を見て淳二が言葉を発するのを待った。

「目指すは南極。」

淳二は南極しか思い浮かばなかった。次は幸助の番だと三人は幸助を見た。幸助は困ってしまった。啓一と博一は軍艦に乗った積もりになり、太平洋戦争の軍艦の艦長になったつもりでいた。幸助はサバニを大きな探検船に見立てていた。ところが戦争話や冒険小説に興味がなかった幸助は三人がサバニを軍艦や大探検船に見立てているということを理解していなかった。とにかく目指す場所を言わないといけないと思い、

「目指すは公民館だー。」

と叫んだ。啓一と博一と淳二は幸助が陳腐なことを言ったので大笑いした。

笑い終えると、啓一は軍艦の指揮官になった気持ちで声を張り上げ、こぶしを振り上げた。四人はサバニに慣れてきて、それぞれが思い思いの船員になった。博一はサバニの櫂を海面に入れ漕ぎ出した。

「撃てー撃てー。バキューンバキューン。」

「ダダダー、ダダダー。」

サバニはすっかり軍艦になってしまった。啓二以外の四人は仮想敵との戦争に夢中になった。

「うおー。敵襲だー、敵襲だー。」

といって幸助は船を揺らす。少年たちはサバニに慣れるに従い、小さな揺れではつまらなくなり大きくサバニを揺らすようになった。

「戦艦大和が沖縄を助けに行くぞう。ドカーンドカーン。Ｂ２９を撃ち落せー。ダダダー、ダダダー。」

「グラマンが来たぞー。ダンダンダンダン。」

「ピューンピューン。敵機来襲、敵機来襲。ドバーンドバーン。」

四人の戦争ごっこは絶頂に達した。

啓一たちはサバニの船主に見つかったらこっぴどく叱られる恐怖をすっかり忘れ、遊びに夢中になっていた。啓一がサバニを足で揺らし始め、博一も揺らし始め、幸助もそれに参加した。啓二だけは泣きべそをかいてサバニの縁にしがみ付いていた。啓一と博一と幸助の歩調が合うようになるとサバニの揺れは次第に大きくなっていった。四人の少年の気分は最高潮。

三人がサバニを思いっきり揺らしていた時に、突然大きい横波がサバニを襲った。サバニは大きく傾き、サバニに海水が入ってきた。博一は掴んでいた櫂を波にさらわれてしまった。博一が櫂を取ろうと身を乗り出すと、サバニはますます傾き、そこへ再び大波が襲ってきてどどーっと海水がサバニに浸入した。

「うわぁー。沈むぞー。」

五人は恐怖に襲われた。啓二はサバニの縁にしがみついたが、啓一たち四人はサバニを立てなおそうと右左にそれぞれが勝手に重心を移動した。五人のバラバラな動きはサバニの揺れを収めるどころか、サバニをますます激しく大きく揺らしてしまった。三度目の大波が来て、サバニはひっくり返り、五人はどぼーんと海に放り出された。


啓二は頭から海面につっ込んだ。ぶくぶくぶくと海中に沈み、海中で宙返りをした。海水が鼻の中にずずーと入ってきた。足が海の底に届かない。海の底はずうっと下にあるようだ。啓二は足のつかない場所で泳いだことがなかった。得体のしれない妖怪に引きずり込まれる恐怖が啓二を襲った。啓二は妖怪の恐怖から逃れようと必死に泳いだ。でも、思うように進まない。ゴム草履は足裏のかかとの所から離れたりくっついたりして、泳ぎの邪魔をする。波に流される。大波は啓二を浮かせたり、沈めたり。波に翻弄されて、岸との距離は縮まらない。啓二の頭の中はパニックにパニックだ。海中で身を屈めて、ゴム草履を手の方に移せば泳ぎが楽になるのに、パニックになっている啓二にはそんなことを思いつく余裕なんかなかった。ただひたすら岸に向かって泳ぐだけである。

「こらー。」

啓二以外の四人が岸にたどり着いた時、遠くの方から怒った声が聞こえた。四人は辺りを見回した。

「こらー。」という声が再び聞こえてきた。

北の方の岩場から一人の男が駆けてくる。

声の主を最初に見つけたのは幸助だった。幸助は走ってくる男を指さして、「あっちあっち。」と言いながら、比謝川上流の方へ走り始めた。漁師の財産であるサバニをひっくり返したのだ。サバニは使い物にならないかも知れない。捕まったらただではすまないだろう。警察に突き出されて、監獄に入れられるかも知れない。四人は大罪を犯した恐怖で一杯だった。

「こらーこらー。」と叫びながら恐ろしい剣幕で漁師は走って来る。

「こらー。」の声は四人をますます恐怖に陥らせた。啓一たちは漁師が近づいてくるにつれて、小走りになり、漁師の足が速いのを知ると全速力で逃げ出した。予期しなかった漁師の出現に慌てふためき、まだ岸に辿り着いていない啓二のことを啓一も他の三人も忘れてしまっていた。啓一と三人は全速力で比謝川上流の方に逃げた。

もがきながら、あがきながら、啓二は岸に向かって泳いだ。波にがぶりと飲まれたり、横へ流されたり、海底の妖怪に足を引っ張られる恐怖に襲われながら、啓二は必死に泳いだ。数ミリ進み、数センチ進み、なんとか岸近くまできた。数メートル先に砂地が見えた時、もう足が着くだろうと、啓二は立ちあがろうとした。ところがズルーと体は海中に深く沈んでいった。頭が沈み、両手の先が海面から消えても足は海底に届かない。再び恐怖が啓二を襲う。啓二は手と足をばたつかせ、岸にたどりつこうと必死になった。海水をしたたかに飲んだ。足を激しくばたつかせたためにゴム草履は足から離れてしまった。ググーっと波が啓二の体を浮かせ、沖にさらっていこうとする。気が動転して、なにがなんだかわからないパニックに陥ったが、啓二の生への本能にはなにがなんでも岸に泳ぎつこうとする執念が宿っていた。目をかっと見開き、目指す岸から一瞬も目をそらさずに、啓二はひたすら岸に向かって泳ぎ続けた。

必死に犬かきをしていた手先が砂に触れた。指先に軽く触れている時は気づかなかったが、指の根っこまで砂が触れた時、海底が浅いことに気づいた。啓二は恐る恐る海底に足をつけた。海底は急勾配になっていて、ずずーっと深みにずれ落ちていきそうになる。大波が来て、啓二の体をふあーっと浮かせた。ふあーっと体が浮いた啓二は再びあわてふためいて必死に泳ぎ始めた。返しの波が啓二を沖の方へ連れていこうとする。ふんばってふんばって。ばたつかせてばたつかせて。啓二は必死に岸に這い上がろうと頑張った。引き波に抵抗して、引き波が去って、海水が膝あたりになった時、体をくの字にして、ざぶざぶと両足で海水を跳ね除け、ばしばしっと両腕で海面を掻き分け、やっと岸の波打ち際にたどり着いた。海面が足のくるぶしあたりになった時、啓二はたちあがった。たっぷりと海水を含んだ服がとても重く感じる。服からは海水がしたたり落ちる。疲労し困憊していたが、やっとのことで恐ろしい海から逃れたことに啓二はほっとした。

しかし。直ぐに啓二の安堵は消えた。

足裏に感じるのは砂。こそばゆい砂の感触。足元を見た。裸足だ。ゴム草履を履いていない。波が引いて、足にまとわりついている砂粒が転がって海底の坂を落ちていく。啓二は剥き出しになった自分の足を見て、ゴム草履がなくなってしまったことに気がついた。ゴム草履がなければ、裸足で長い道をたどって家に帰らなければならない。荒れた細道は石や木片が転がり、その上を歩くのは足が痛いし、足を怪我するかも知れない。しかし、それよりも恐ろしいことが啓二の頭をよぎった。

「母ちゃんに叱られる。」

ゴム草履は先週買ったばかりの新しいゴム草履だ。前のゴム草履は花輪の付け根が切れて、それでも紐で繋いで履いていたのだが、終いには継ぎ目がボロボロになって紐で繋ぐこともできなくなった。それで新しいゴム草履を買った。母ちゃんは大事にしなさいよと念を押していた。学校に通うには履物はズックかゴム草履が必要だ。裸足で学校に通う子供はひとりもいない。ズックは高いから、年に一回、運動会の時に買い、ズックがボロボロになって履けなくなるとゴム草履を履いて学校に通った。ゴム草履は学校に通うにはなくてはならない必需品なのだ。買ったばかりのゴム草履をなくしてしまったら、そのことを母ちゃんに知れてしまったら、どういうことになるか・・・・。

母ちゃんは鎌を持って庭に出る。屋敷の周囲に群生している島竹を根っこから切り取り一メートル程の竹棒を作ると、啓二に柱を抱かせる。母ちゃんは啓二のズボンをずり下ろして、丸出しになった尻を竹棒で何度も打つ。何度も何度もだ。啓二が泣き喚いても、どんなに許しを請うても、一切耳を貸さないで、何度も何度もバチバチと叩く。もう、その痛さといったら・・・。啓二は思わず尻を触った。

弱虫の啓二は母ちゃんに叱られることを想像しただけで目から大粒の涙がこぼれ出た。啓二は大粒の涙を流しながら海の方を見た。ゴム草履を見つけないと尻を叩かれる。恐ろしいほどの痛い目にあう。啓二はサバニから投げ出され、必死に泳いでいた場所に目を凝らした。ゴム草履はなかなか見つからない。もしかすると、ゴム草履は沖の方に流されていったのではないかという不安が啓二の頭をよぎった。不安がますます増大する。サバニの回りを見た。ひっくり返ったサバニの背は波間に見え隠れしている。サバニより沖の方に目を移したが、ゴム草履らしきものは見つけることができない。啓二はあきらめることができず、サバニの回りや沖の方を何度も何度も探し回った。しかし見つからない。啓二はゴム草履をあきらめるにあきらめきれず、沖の方を呆然と眺めていた。

暫くの間、沖の方を眺めていたが、眼下の方に何かを感じ、視線を眼下の方に移動させた。あった。ゴム草履があった。ゴム草履は沖の方ではなく、啓二の立っている場所からわずか一メートル離れた海面に浮いていた。ひとつは花輪が見え、ひとつはひっくり返って、ブルーの裏を見せている。

啓二は迷った。わずか一メートル先にあるゴム草履。飛び込んで、ひと泳ぎすればゴム草履を掴める。ああ、でも跳び込むのは恐ろしい。啓二は海に飛び込む勇気がなかった。啓二は足元を見た。指先をぎゅっと砂にめり込ませていないとずるずると落ちていく程の急角度の海底。一メートル先から海水は青くなり、海底は見えなくなっている。底が見えない深い場所で泳ぐ恐怖が啓二の勇気を鈍らせる。飛び込む勇気がないまま、啓二はゴム草履を見つめ、立ち尽くしていた。

「こわっぱ。」

背後で怒鳴り声がした。

振り向くと、見知らぬ男が立っている。

男の髪は潮風の性で縮れ、顔は太陽と潮に焼かれて赤銅色になっていた。まるで赤鬼だ。

「こっちへ来い。」

啓二は赤鬼のような漁師の突然の出現に驚き、体が硬直してしまい動くことができずその場に立ちつくした

「こっちへ来い。」

漁師は自分の所に来るように再度啓二に言った。啓二はドスのきいた恐い声の漁師に言われるまま、漁師に近づいていった。

「サバニを転覆させたのはお前か。」

啓二は黙って下を向いた。ゴム草履どころではない。サバニを転覆させたというとんでもない現実があったのだ、啓二はその罪の重大さに体がぶるぶると震え出した。

「もう、一度聞く。サバニを転覆させたのはお前か。」

啓二は下を向いたまま黙って頭を横に振った。漁師はにやりとした。

「ふうん。嘘をつくとどうなるか分かっているだろうな。お前の仲間はどこに逃げた。」

漁師に言われて、啓二は兄や兄の友達がいないことに始めて気がついた。頭を上げまわりを見渡した。兄や兄の友達の姿が見えない。啓二を置いて皆んな逃げてしまったのだ。啓二はひとり取り残されたことに始めて気づいた。啓二は急に心細くなった。


啓二は気が弱く臆病で、いつも啓一の庇護の元にいた。保護してくれる啓一が啓二の前から突然消えた。浜を見まわしても啓一の姿は見えない。啓二にとって兄の啓一が居なくなったショックはとてつもなく大きい。啓二は呆然と立ち尽くして、啓一の姿を探し続けた。

まばゆい真昼の浜。目を細めて、目を凝らして、岩の陰、ススキの隙間を見て、啓二は兄の啓一を探し続けた。しかし、啓二は啓一や啓一の友だちの博一や淳二や幸助の姿を見つけることはできない。啓一の姿を探しているうちに啓二の目から大きな涙がこぼれた。小さな声で「にいちゃん。」と何度も啓二はつぶやいた。

「おいこわっぱ。お前はどこの村の子だ。」

啓二の目から大粒の涙は止まらなくなっていた。ひとりぼっちになってしまったことで心細い上に、目の前の赤鬼のような恐ろしい漁師とたった一人で対峙しなければならないのだ。サバニをひっくり返した罪は重いし、逃げ場もない。啓二は泣く以外になにもできなかった。

「ごめんなさい。ごめんなさい。」

「サバニをひっくり返したのはお前とお前の仲間だろう。」

啓二は漁師の言葉が耳に入らなかった。兄がいなくなって心細くて心細くて、目の前の漁師が恐ろしくて恐ろしくて。啓二は大粒の涙を流し続けるだけ。

「親の言うことを聞かない子や悪い子は糸満売りだぞ。縄をつけて海に投げこみ、溺れそうになってもかまわずに、何度も何度も海に放り込む。溺れ死ぬ者も居るそうだ。」という父の話を啓二は思い出した。海の漁師は子供をさらって漁師に育てることもあるという。啓二は父の話を思い出して、ますます恐ろしくなっていった。「赤鬼のような漁師にさらわれて、何度も何度も海に投げ込まれるんだ。」と思うと、啓二の泣き声はますます大きくなっていった。

「お・・」

と漁師が声を出そうとすると、その声を打ち消すほど大きな声で、

「ごめんなさい、ごめんなさい。」と啓二は泣き喚いた。

漁師は苦笑いをした。この子供はなにを話してもただ泣き喚くだけだ。説教するのは無理だ。漁師は啓二を叱るのを中断し、転覆したサバニの様子を調べた。サバニは船底を海面に見せ、波間にゆらゆらと漂っていた。波は船底を洗うように打ち寄せ、真夏の太陽にきらきらと輝いている。

「こわっぱ、これで頭を拭け。」

漁師は頭に巻いていたタオルを啓二に渡した。啓二は語気の強い漁師の言葉に逆らう気力はなく、言われるまま黙ってタオルで頭を拭いた。

「こわっぱ、そこに居ておけよ。逃げるんじゃないぞ。」

漁師は啓二にそう言うと、服を脱ぎ、ふんどし姿になると、さっと海に飛び込んだ。啓二は生まれて始めて漁師の本物の泳ぎを見た。海に飛び込んだ漁師はたくましくぐんぐんと前に進む。兄の啓一も泳ぎは上手だった。でも、漁師の泳ぎは兄の啓一の泳ぎよりずっと逞しくて早かった。小さい波は突き破り、大きい波にはうまく乗り、漁師はあっという間にオールの所まで泳ぎついた。啓二は漁師が海に飛び込み逞しい泳ぎでオールまで辿り着くまで漁師の姿を眺めていた。啓二は漁師の泳ぎに魅せられて、

それに精神的なショックも強すぎて、漁師が海に入っている間にこの場から逃げようなんてことを思いつかなかった。それどころか呆然と漁師を眺めているうちに、啓二は漁師の達者な泳ぎに感心し、漁師がオールを掴んだ時は心の中で拍手をしたくらいだ。でも、漁師がオールを掴んだことにほっとした途端、啓二は我に返った。自分はサバニをひっくり返した犯人であり、海で泳いでいる漁師はサバニの持ち主。漁師が海から上がって来れば、自分に厳しい罰を下すに違いない。啓二はこの場から逃げなくてはと思いたった。啓二は振り返った。振り返って浜から家に向かう出口を探した。

もくもうの林。
切り立った大きな岩山。
いくつもの黄色い花を咲かせているゆうなの木々。
あたりかまわず密生しているすすき。
目の前は砂浜。
それから石ころが増え、
次第に石ころは大きくなり、岩が点在して、その向こう側の風景。
数百メートル先の緑の風景。
啓二は緑の風景をじっくりと見回した。
もくもう、

ゆうなの木、
岩山の間をすすきが群生している。
啓二たちはすすきを掻き分けて細い道から浜に出た。
浜への出口は狭かった。
啓二は海岸線を百八十度見渡した。

真夏の昼の浜辺はまばゆくゆらゆらし、
人の姿はない。

啓二は浜からの出口を見つけることができなかった。すすきとすすきの間、岩の側、ゆうなの木の根のあたりに小さな出口のような穴はあったが、どの穴が家に帰れる出口になっているのか、啓二には皆目見当がつかなかった。逃げようにもどこへ逃げればいいのやら。啓二は途方にくれた。

バシっと音がして、足元にゴム草履が転がった。啓二は驚いて海の方を振りかえった。

「こわっぱ、そいつはお前の草履だろう。」

声のする方を見ると、漁師が立ち泳ぎをしながら、もうひとつのゴム草履を掴んでいるところだった。漁師は腕を大きく振りかざして、

「そうら、受け取れ。」

と言うとゴム草履を啓二の方に投げた。

　ゴム草履は水しぶきをあげ、くるくると不規則な回転をしながら、大きな弧を描き、啓二の頭上に飛んできた。啓二は飛んできたゴム草履を取ろうと両手を伸ばしたが、ゴム草履は啓二の手をはじいて啓二の後ろに落ちた。

「下手だなあ。これじゃベースボールの選手になれないぞ。」

漁師は陸に上がると、サバニを繋いでいる綱を引っ張った。

「こわっぱ。お前も引っ張るんだ。」

漁師の語気は荒々しくて強い。まるで丸太ん棒で殴られたような衝撃がある。啓二は漁師の語気に弾き飛ばされそうになりながら、恐る恐る綱を掴み、綱を引っ張った。

　サバニは岸まで引き寄せられた。漁師はサバニの船べりを掴んでサバニを揺らし始めた。最初はゆっくり小さく。次第に大きく激しく。最後に「えい、やあ。」と漁師が声を張り上げると、サバニはひっくり返り、元の姿になった。

「こわっぱ手伝え。」

啓二と漁師はサバニに溜まった海水を六斤缶で掻き出した。啓二は恐怖の中の安堵を感じた。サバニをひっくり返したのは大罪だ。赤鬼のような漁師に捕まえられた時は、死の恐怖さえ感じた。警察に突き出されて牢屋に入れられるか、そうでなれば糸満売りされて奴隷のように酷い生活を強いられるだろう。目の前の猟師に奴隷のように働かされるかも知れない。そう思っていたがサバニは使用不能になってはいなかった。船内一杯に溜まった海水を掻き出せば、サバニは再び漁ができるだろう。啓二は海水を掻き出すのに精を出した。船内の海水が減っていくにつれて、啓二の恐怖と罪悪感は軽くなっていった。

次第に罪悪感は軽くなったが、啓二の心には言い知れぬ孤独感が重たく澱んでいった。波打ち際から見た浜辺の風景。無数に小さな穴が点在。その中のひとつは家に辿り着ける出口であるだろうが、それがどの穴であるか知らない。啓二は家路を失ってしまったのだ。ひとりぼっち。ひとりぼっち。お兄ちゃんが居ない。ひとりぼっち。家に帰れない。ひとりぼっち。孤独になってしまった悲しみ。啓二の目から再び涙が流れた。

「こわっぱ。何歳だ。」

サバニに溜まった海水を掻き出す作業が終わった時、穏やかな声で漁師は啓二に聞いた。

「九歳。」

啓二は涙を流しながら答えた。啓二の目から涙が止まることはなかった。

「兄弟はいるのか。」

「男だけの五人兄弟。」

ひっくと声をしゃくりながら、啓二は懸命に答えようとした。

「何番目だ。」

「二番目。」

「ふうん。二番目か。」

漁師はなぜか嬉しそうな顔をした。

「男だけの五人兄弟か。ははあ、兄弟が多すぎてお前のおっ母は大変だろうぜ。そうだろ。二人くらいはよそへ上げたいとよく言うだろう。あはははは。」

漁師は笑ったが啓二は笑えなかった、それどころか漁師の言葉は啓二の胸にズキンときた。母ちゃんは叱る度に「お前はよその家にあげるからね。」と言うのが口癖たった。お父は怒った時「糸満売りするぞ。」と啓二を脅した。漁師は冗談のつもりで話し、笑ったが、啓二には笑えるような話ではなかった。母ちゃんとお父は本気で「よその家にあげる。」とか「糸満売りする。」と考えていないかと気の弱い啓二は思ってしまうのだ。

「こわっぱ、これを食べな。」

サバニに溜まった海水の掻き出しが一段落して、二人は休憩を取った。漁師は水筒と紙包みを取りだし、紙包みの中からアメリカンチョコレートを出して啓二にあげた。そして、啓二が五人兄弟と知ってから、なぜか知らないが漁師は啓二にやさしくなった。そして、啓二の家族のことを色々聞いてきた。村はどこか。父の仕事はなにか。母は何歳か。名前は。

「俺も五人兄弟だったよ。男だけの。俺は三男坊だった。ふん、お前と同じようなものだわ。次男坊と三男坊はないがしろにされるものさ。」

漁師は自分が三男だったことに怒りや悔しさを感じているらしい。急に怒った声になったので、啓二はびっくりして、漁師の顔を見た。漁師と真正面から視線が合った。

「おい、こわっぱ。俺に俺の親や兄弟のことを聞くんじゃないぞ。あいつらみんな人でなしだからな。薄情者だ。やさしさなんてこれっぽっちもない。冷たい奴らだよ。くそ、いつかぶっ殺してやる。」

啓二の顔と真正面に向かいあって漁師は憎しみと怒りの言葉を吐いた。啓二は恐ろしくて恐ろしくて。啓二の体は硬直した。

「こわっぱ。俺がなぜ親や兄弟を恨んでいるのか、その理由を聞くなよ。聞いたらお前のその細い首を捻ってやるからな。」

なぜ漁師がそれほどまでに自分の親兄弟に憎悪を抱いているかという理由なんか啓二は聞きたくもないし知りたくもない。興味もない。むしろ漁師の鬼の形相が怖くて怖くて。早く漁師から逃げて家に帰りたいのが啓二の本音だ。こんなに恐ろしい体験は生まれて始めてだ。怒った漁師の顔を見ていると殺されるかも知れないという恐怖が啓二の頭をよぎった。

「ごめんなさい。ごめんなさい。」

涙が溢れ、啓二は大声で泣いた。

「泣くな。泣くと海に放り投げるぞ。」

漁師の兇暴な言葉は啓二の開いた口から入り込み、ぐぐっと啓二の泣き声を喉の奥に押し込んだ。泣き声は喉の奥に詰まり、ヒックヒックと啓二の体全体を震わせた。

「貧乏な家の次男坊や三男坊は不憫なもんよ。食い扶持を減らすために簡単に売り飛ばされる。」

漁師は啓二の顔を凝視した。怒った顔から啓二と自分を哀れむような顔になり、それから悲しい顔に変わった。

「オレも哀れな三男坊だ。おっかあの顔も、お父の顔も、もう忘れた。兄弟の名前は覚えていねえ。今はどこに住んでいるのかも知らねえ。それに・・・・・」

漁師は長い間口篭もった。そして、漁師は深いため息をついた。

「今は天涯孤独の身なのさ。」

漁師の顔が悲しみの顔になり、目を瞑り空を仰いで、それから首を垂れた。暫く黙っていたが啓二を見て、悲しそうに微笑んだ。

「これがオレの人生だわ。ほれ、もっとチョコレートを食え。」

漁師はやさしい、親しみのこもった態度に変わり、啓二にチョコレートを渡した。

「さあ、あと一仕事だ。」

漁師と啓二は浜にある船道具をサバニに運んだ。

真夏の太陽はギラギラと燃え、ジリジリと浜を焼き続けていた。

啓二は浜の熱さにくらくらしながらも、必死に船道具を運んだ。ぐるぐる巻きになった釣り糸。毛布、雨カッパ、のこぎり、帆柱、テントカバー製の帆、真鍮製の鍋、サバニの荷物は釣りだけの道具だけではなく生活必需品や大工道具も混ざっていた。それらの道具を運び終えたのは午後二時頃、暑さが最高に強まり、浜辺には生き物という生き物は居なくなっていた。うだる時間。啓二は強い太陽光線に打たれ、汗は流れ、脱水症状になり、頭はくらくらし、動く気力は萎えていた。

「ほら、飲め。」

漁師は水筒を啓二に手渡した。

漁師は紙袋から野球ボール程の大きいミカンを取り出した。啓二が始めて見る大きいミカンだった。漁師は皮を剥き、二かけらを割いて啓二にやった。ミカンを口に入れて、啓二は驚いた。口に入れたミカンは甘味に満ち酸味が全然ないのだ。啓二が食べたことがあるのはシーワァーサーだった。シーワァーサーはすっぱい。啓二はミカンはすっぱいものだと思っていたが、漁師からもらったみかんは全然すっぱくなく、さわやかな甘さを舌に感じさせるミカンであった。

「どうだ。おいしいだろう。サンキストオレンジというアメリカーしか食べられない極上のミカンだぜ。ハハハハハ、あまりのおいしさに目をまるくしてら。ほらこれも食え。」

漁師はサンキストオレンジを半分に分けて啓二にやった。


うだる暑さ。

まぶしい白い砂と石灰岩。

真っ青な空。

まぶしい入道雲。

全ての生物がへばってしまう真夏の渡久地の浜。

水とサンキストオレンジのお陰で啓二はわずかばかりの英気が蘇ってきた。

比謝川河口から微かな風が吹いてきた。


「オレを貧乏人と思うかも知れないが、そうじゃないぞ。ほら見てみろ。」

漁師はそう言うと、紙袋から輪ゴムでくるんだドル紙幣を出した。

「ほら、どのくらいあると思う。二百五十ドルあるんだぜ。」

漁師は勝ち誇った顔をした。

「金を儲けるのはここの使いようだよ。」

漁師は自分の頭を指した。

「釣った魚をアメリカーに売りさばくのよ。アメリカー住宅を一軒一軒回ってな。あいつらは金持ちだから高く買ってくれるのさ。そして色んな土産もくれる。ウチナーンチュに売るより何十倍も儲けるのさ。殺したい程憎い憎いアメリカーだけどな。あいつらは金を持っているし、あいつらのお金なしには生きていけないのさ。ふん、それが今の時代なのさ。」

漁師はたち上がり浜の周囲を見回した。視界には人の姿はなかった。どうやら、遠くの岩場で釣りをしていた男も岩場から引き上げたようだ。漁師は手で太陽光線をさえぎるように手を額にかざして頭を百八十度回転させた。浜に人っ子ひとりいないことを確かめると、漁師は紙袋から拳銃を取り出した。逃げた四人の子供が浜の岩陰か密生しているすすきの蔭に隠れて、啓二と漁師を見ていると推測するのが当然であるはずだが、漁師はなぜかそこまでは考えが及ばないようだ。逃げたのが子供であるということで気にしていなかったのか、それとも、逃げた子供のことは忘れてしまったのか。

「これがなにか分かるか。」

漁師は取り出した拳銃を自慢そうに啓二に見せて、啓二の反応を楽しむようにうすら笑いをした。漁師の手にあるものが拳銃であることは啓二にもすぐ分かった。しかし、啓二は首を横に振った。啓二は漁師が恐ろしくなった。怒っていたかと思うと急にやさしくなり、やさしい素振りから急に怒りだし、そして急に恨みの顔をし、恨み悲しみの表情から急にやさしくなる。そんな漁師の心の激しい変化に啓二はなにか得たいの知れない恐怖を抱くようになっていた。普通の大人じゃない。異様な大人だ。啓二はそう感じていた。拳銃を見せびらかす漁師が人間の姿をした妖怪のように思えてきた。啓二の心はますます萎縮して、体は硬直していった。

「こいつはなコルト４５という拳銃だ。」

猟師は 左手で銃身を掴み、拳銃をぶらさげてから右手で取っ手を掴んだ。それからしげしげと拳銃を舐めるように眺めた。

「アメリカーからこんなものを手に入れることもできるのさ。これも戦果のひとつだ」

戦果というのはアメリカ軍の物資を盗み取ることを意味し、その頃の貧しい沖縄では食料品や服などの日用品をアメリカ軍基地やアメリカ人の住宅から盗むのは日常的に横行していた。大量の戦果を狙ってアメリカ軍基地に忍び込み、アメリカ兵に見つかって銃で撃たれて命を落とす沖縄人もいた。混沌としていた時代。皆が飢えていた時代の沖縄。

猟師が拳銃を戦果のひとつと言ったのは、彼がアメリカ人の住宅から拳銃を盗んだということである。漁師は両手で拳銃を構えた。どうやら啓二の前で拳銃の試し撃ちをやろうとしているようだ。

「今の世の中はぶっそうだからな。こいつがオレにも必要なのさ。」

漁師は十メートル離れた石に狙いを定めて一発撃った。銃弾は石から一メートル離れた石を弾いた。弾を発射した時、パンという音が啓二の鼓膜を破りそうになり、啓二は思わずのけぞり、耳を押さえた。啓二は拳銃を撃った猟師を恐れ慄いた。

「当たらねえなあ。」

漁師はそう言うと二発目を発射した。三発、四発と立て続けに発射した。

「当たらねえなあ。」

漁師は啓二に向かって、

「どうだ、お前も撃ってみるか。」

とにやにやしながら言った。

啓二は両耳を押さえ顔面は蒼白になっていった。啓二は懸命になって首を左右に振った。漁師は顔面蒼白の啓二を見て、ますます愉快になってきた。「ほら、ほら。」と言いながら拳銃を啓二の前に突き出した。啓二は体を強張らせ、目をつぶり激しく首を横に振った。「弱虫め。」と言うと漁師は拳銃を紙袋に戻した。次に、紙袋をまさぐって小さなかたまりを出した。

「こわっぱよ。こいつが何か分かるか。」

漁師の手の平にあるものは手榴弾だった。漁師は手榴弾を自慢そうに掲げ、啓二に見せた。啓二はそれが手榴弾であることは直ぐに気づいた。アメリカ空軍基地のカーニバルで展示されていた手榴弾を手に持ったことがあるし、野山で遊んだ時に、戦争で使い残された、錆付いた手榴弾を何度も見たことがある。

しかし、啓二は首を横に振った。怒ったり、やさしくしたり、厳しくなったり、陽気になったり。漁師はころころと感情が変わる。そして、恐ろしいことに拳銃をぶっ放した。啓二はショックの連続でパニックを通り越し、外界からの刺激を全て拒否しようとする自己防衛本能が働いていた。それに、漁師の目の動きが異様であるのに啓二は気づいた。落ち着きがなく、黒い瞳は上下左右に間断なく動いていた。気味の悪い漁師の目だった。漁師とこれ以上関わりたくないという心理が啓二に働いていた。啓二はこの場から逃げたかった。土を掘る爪があったら地面の奥深く潜り込みたかった。空を飛ぶ羽があったら、天高く飛び去りたかった。

「こいつをな、魚の群れに投げ込むと、ドバーンと波しぶきが上がってな、どっかどか魚が浮いてくるのよ。いくらでも魚が獲れるんだぜ。要は頭の使いようってわけだ。爆弾でとった魚を沖縄に爆弾を落としたアメリカーに売りさばくのさ。あはははは、愉快だろう。」

漁師は自慢げである。

「投げてみるか。」

漁師は啓二に聞いた。啓二は漁師を見つめていたが、まるで漁師の声は聞こえていないように、なんの反応も示さなかった。漁師は海に向かって手流弾を投げる真似をした。

「へへ、ここは魚が居そうもないな。止めよう。」

その時、遠くで人の声がした。その声に先に反応したのは啓二だった。啓二はすくっと立ちあがった。啓二は声がした方向が分からず当たりを見回した。啓二は声の主が兄の啓一であることを期待した。しかし、その期待はすぐに裏切られた。その声は子供の甲高い声ではなく、大人の太い声であった。啓二は声の主が兄の啓一の声ではなかったのでがっかりした。しかし、兄の啓一でなくて見知らぬ大人でもいい。誰かが来てくれれば、啓二はこの恐怖の世界から逃れることができる。知らない大人でもいい。啓二は声の主を探した。

声は漁師が浜に下りてきた所と同じ方向から聞こえた。四人のアメリカ人か啓二たちの居る方に近づいて来る。声を出しているアメリカ人は白いヘルメットにカーキー色の軍服を着ている。そのアメリカ人と同じ服装をした男がもうひとり。二人はＭＰに違いない。普段着の男のひとりがこっちの方を指差して、ＭＰに怒った顔でしきりになにかを話している。啓二は立ったまま、四人が近づいて来るのをほっとした気持ちになって見ていた。啓二にとっては彼らがアメリカ人でもよかった。村のあちこちに外人専用の貸し住宅があり、アメリカ人は日常的に見ていたからアメリカ人に対する恐怖心というのは啓二にはなかった。啓二は漁師の恐怖から解放されるのを期待して、四人のアメリカ人が近づいてくるのを待っていた。しかし、啓二の期待は漁師の言葉で破られた。

「いけねえ。見つかってしまったか。こわっぱ。お前の性だぞ。こんな所に長居するんじゃやなかった。おい、この荷物をサバニに運べ。」

漁師はそういうと、散らばっていた紙袋、服、布袋などをかき集めサバニの方に歩いた。啓二は戸惑いながらも漁師に言われるまま、芋や缶詰などの入っている麻袋を担いで四人のアメリカ人を振りかえりながら漁師の後を追った。漁師と啓二がサバニの方に歩き始めたのを見て、四人のアメリカ人は走り始めた。

「ヘイ、ユー。」とMPは何度も大声で言った。

「う、まずい。捕まってしまうかも。こわっぱ。早くサバニに乗れ。」

啓二はなにがなんだか分からないままサバニに乗せられた。漁師は紙袋をまさぐりコルト45を取り出した。撃鉄を起こし走って来る四人に拳銃の照準を合わせた。啓二は漁師が拳銃をかまえたのを見ると、身を船底に屈めて耳を覆った。パンと音がして弾が発射された。啓二の体は恐怖で震え始めた。

「あれ、弾はどこに跳んで行ったんだ。へへ。」

漁師が拳銃を撃ったので、二人のMPと二人のアメリカ人は身を屈めた。MPの二人は腰から拳銃を抜いて、警告の声を漁師の方に発してから拳銃を空に向かって撃った。漁師はMPが警告発射をしてもたじろぐような様子はない。むしろ、撃ち合いを挑発するように、続けざまに三発撃った。MPと二人のアメリカ人は漁師の銃口から硝煙が出た瞬間に身を屈めた。が、暫くして顔を見合わせて苦笑いをした。漁師の撃った銃弾がどこへ着弾したのか見当つかなかったのだ。恐らく、漁師の撃った銃弾はＭＰたちからかなり離れた場所を通過して、はるか後方に跳んでいったに違いない。漁師は射撃が下手過ぎる。

射撃訓練や戦争で銃撃戦を何度も経験してきたＭＰ は漁師の限度を超えた射撃の下手さに半ば呆れた。しかし、漁師の射撃が下手とわかっても無闇に接近することはできない。まぐれでも弾が当たれば命を失ってしまうのだ。ＭＰは二人のアメリカ人に退避するように指示してから、腰を低くしてサバニの方にゆっくりと接近していった。

漁師は拳銃を撃った後、サバニを沖に向かって押し出してサバニに乗り込んだ。そして、櫂を掴むと漕ぎ出した。ＭＰはサバニに乗り込んで逃げようとしている漁師を見ると、立ちあがり、銃を構えながら、小走りでサバニに近づいた。

「ああ、しつこい奴らだ。お前らに捕まってたまるかよーてんだ。」

漁師はコルト４５を二発ぶっ放した。ＭＰは立ち止まり、身を屈めた。漁師が射撃は下手と分かっていても、無闇に近づくことはできない。例え、当たることはないだろうという確信があったとしても、銃が発射されれば本能的に身を屈める。命のやり取りには、万が一というのはいつでもつきまとう。

漁師が放った銃弾のひとつはＭＰから十メートル離れた石を弾き飛ばし、石は白い煙を発した。もうひとつの弾丸はどこへ飛んでいったのか分からなかった。漁師が拳銃を撃ったのに対抗して、二人のＭＰは拳銃を構えて、漁師に照準を合わせた。

「おい、こわっぱ。オレが撃った弾はどこへ飛んでいったんだ。」

啓二は座ることもできずに船底に横たわり、涙をボロボロ流し、耳を押さえ、体をブルブル震わせていた。

「こわっぱ。肝っ玉がねえなあ。あはは。」

ＭＰが漁師に向かって撃った。一発、二発、三発、四発、ＭＰの銃口から白い硝煙が上がり、カツン、カツンとサバニに乾いた音が二回した。そのうちのひとつは啓二が額をくっつけている個所だった。銃弾はサバニの板を貫通しないで食い込んで止まった。

もう、啓二は恐怖が限界を超え、声帯から音を発することさえできなくなっていた。喉が収縮し、激しい恐怖の息がひーひーひーという無声音を発した。

「へへ、こわっぱ。意気地がないぞ。あいつらのへなちょこ弾なんかに当たるもんか。」

ところが、漁師の過信は皮肉にも漁師が言葉を発した直後に破られた。二回目の二人のＭＰによる連続射撃が始まり、ＭＰの撃った弾が漁師の左肩を撃ち抜いた。焼きゴテを押し当てられたような激痛が走り、漁師は左肩を押さえて蹲った。

「うう、うう。」と猛獣のうなりに似た声を出して漁師は痛みに耐えている。

もう、啓二は泣き叫んではいなかった。啓二の恐怖は泣き叫べるような恐怖状態をすでに通り越していた。船底に仰向けにして横たわり、耳を押さえていた手は伸びきって、白目を出し、泡を吹きながら体を痙攣させていた。啓二は気を失っていた。

「おい、こわっぱ。お前の傍の布袋をこっちに渡せ。その中に拳銃の弾が入っているんだ。」

啓二は何の反応も示さなかった。

「おい、こわっぱ。おれの声が聞こえないのか。早く布袋をこっちに寄越すんだ。おい、こわっぱ。」

漁師はそうっと顔を上げて、浜の方を見た。二人のMPが銃を構えて、ゆっくりとサバニの方に近づいてくる。漁師は痛みを堪えながら布袋を取り、新しい銃弾を込めるとたて続けに三発撃った。突然の反撃に、二人のMPは身を伏せ、後ずさりした。

「くそ、くそ。捕まってたまるか。くそアメリカーに捕まるくらいなら死んだ方がましだ。」

漁師の気持ちは何時の間にか、十三年前の沖縄戦とダブっていた。沖縄戦の時はサバニを自由に乗りこなせるということで、アメリカ軍を偵察する任務についていた。沖縄の海岸を移動し、海岸からアメリカ軍の動向を探り続けた。あの時の風景と今は似た風景だ。十三年前の沖縄戦の時も海岸線には二人一組の歩哨兵が見回りをしていた。漁師はサバニを操り岩陰からそうっと覗いてアメリカ軍の様子を偵察していた。アメリカ軍の歩哨兵に見つかって、銃を乱射されたことも何度かあった。今、ＭＰの銃弾で肩を射抜かれたことで、漁師の感情は一瞬にして十三年前の戦争中の悪夢と同化していた。

漁師は腹ばいで啓二に近づき、啓二の頬を叩いた。啓二は白目で気を失ったまま、なんの反応もしない。

「くそ、健一。しっかりするんだ。」

健一というのは漁師のひとり息子の名前。健一は十三年前に漁師の妻カマーと共にアメリカ軍の艦砲射撃で命を失った。漁師は気が動転し、戦時中の心理に戻っていたから、啓二を健一と思い込んでしまっていたのだ。健一が命を絶ったのは五歳の時、啓二は九歳。啓二は健一と年齢も体の大きさも顔形も違っていた。しかし、漁師は自分のサバニには自分の子供しか乗せたことがない。気が動転していた漁師が啓二が健一に見えたのはその性であっただろう。

「おい、しっかりしろ健一。だらしねえぞ。このくらいのことでへこたれてどうする。おい、起きろ。」

しかし、啓二は目を覚まさなかった。

「ちぇ、仕様がねえな。」

漁師は啓二を起こすことをあきらめた。漁師は立ちあがった。そして、一発撃った。

「さあ、殺せるものなら殺せ。お前らアメリカーに、家は焼かれ、妻のカマーと健一は焼き殺されたんだ。オレの苦しみが分かるか。オレの嘆きが分かるか。」

また一発撃った。

「オレはなあ。糸満売りされて、二十年も奴隷のように生きてきて、やっと自由の身になって掴んだ家庭だったんだぞ。それをお前らは。木っ端微塵にしやがって。」

漁師は二発立て続けに撃った。二人のMPは漁師が仁王立ちになり、片手で銃を撃つ姿を見て戸惑った。二人は暫く話し合った。それからMPは腹ばいになって銃を構えて、大声で漁師に警告を発した。恐らく、抵抗を止めて降伏するように言っているのだろう。漁師に銃の狙いを定めてはいたが撃つことはしなかった。二人は代わる代わる漁師に降伏するように大声を発した。

「さあ、殺したいなら殺せ。殺せるものなら殺せ。」

漁師はサバニに仁王立ちになって銃を撃った。サバニに身を伏せないで仁王立ちになった漁師はMPには狙いやすい標的になっていた。二人のMPはお互いに仕方がないというような顔で見合わせた後、漁師を狙って立て続けに拳銃を撃った。カツンカツンと数発の銃弾がサバニに当たる音がした。漁師の頬を掠める銃弾。頭上数センチを通りすぎる銃弾。脇腹付近の服を焦がした銃弾。MPの拳銃から放たれた銃弾は漁師の命を狙って次々と跳んできた。

真夏のうだるような真昼。
渡久地の浜は白くまぶしく。
浜を取り巻く草木の緑は濃く輝き、
ぽつりぽつりと
ゆうなの花は緑の中で黄色く鮮やか。
空を支配している真っ青な空。
入道雲はもくもくと白くまぶしい。
時間が止まったような
大自然。
海原はゆったりとうねっている。

「さあ、殺せ。オレは死ぬことなんかちっとも恐くないぞ。早くカマーと健一の居るあの世へ行きたいんだ。こんな味気ない毎日におさらばしたいんだ。こんな息が苦しい生活におさらばしたいんだ。さあ、殺せ。殺せるものなら殺してくれ。」

漁師は仁王立ちのまま、喚きながら拳銃を撃ちつづけた。漁師の目からは止めどもなく涙が流れていた。声は悲しみと怒りが混ざっていた。仁王立ちの漁師。サバニはゆったりとした波に揺れ。漁師は右手だけで銃を撃つ。しっかりと固定できない漁師の銃は四方八方に弾を発射した。ＭＰの二人は両手でしっかりと銃を固定して漁師に狙いを定めて撃った。漁師の腕前が下手であるので、ＭＰは撃たれる恐怖がなく、落ち着いて銃を構えることができた。しかし、ＭＰの放った銃弾は不思議にも一発も漁師に当たることはなかった。ＭＰと漁師との距離は百メートル百十メートルと次第に離れていく。引き潮と浜からの南風が次第にサバニを沖の方に流し、漁師とＭＰの銃撃戦が続いているうちに、いつしかサバニは浜から二百メートル以上も離れた海上まで移動していた。ＭＰは銃を撃つのを止めた。

　漁師は銃弾の限りを撃ち尽くした。全ての銃弾を撃ち尽くした後は呆然と立ち尽くしていた。とめどもなく涙が流れ出た。悲しみが漁師の心に満ちていた。なぜこんなに悲しい気持ちになっているのか。妻のカマーと息子の健　が死んだ悲しみと、ひとりぼっちになってしまった孤独感を、これまでの十三年間、漁師は漁師の心の深層に閉じ込めていた。ＭＰの銃弾が肩を射抜いて、立て続けにＭＰの放つ銃弾にわが身を晒した時に、心の奥に閉じ込められていた孤独と悲しみが奔出したのだろう。

　アメリカ人を恨みながらも、アメリカ人を客にして魚の行商をした漁師。気さくなアメリカ人。心がオープンなアメリカ人。陽気で気前のいいアメリカ人。彼らは陰湿でウチナーンチュを見下していた日本人とは違って親しみが持てた。しかし、恨みが簡単に消せるわけではない。心が屈折した戦後の十三年間。魚の行商と盗みの日々の十三年間。それは漁師にとって味気ない、いや、生きていることが苦痛である日々だったかも知れない。苦痛を苦痛であると自覚した時、それが今である。

漁師は蓄積していた十三年分の悲しみの涙を流した。妻のカマーと健一が爆死した時、悲しみはあまりにも深かったために、孤独になってしまったショックがあまりにも強かったために、二人の死を受け止めることも、涙を流すこともできなかった。しかし今、漁師は日分の涙をまとめて流した。もう、明日からは一日分の悲しみの涙を流せばいい。

心も体も疲れきった漁師は握っている拳銃を海に捨てるとサバニの縁を掴んで座った。サバニの縁に額を合わせ、目をつぶりじーっと動かずにいた。なんだか心が安らいできた。暫くして顔を上げ横を向くと船底に子供が寝転んでいる。漁師は子供の寝顔を見た。目の前で寝ている子供は先刻、渡久地の浜でサバニに乗せた、今日始めて出会った子供である。しかし、漁師にはその子供が息子の健一に思えてならなかった。健一は十三年前は五歳であった。今生きていれば十五歳になる。目の前の子供は十歳になるかならないか。健一が死んだ年齢でもないし、健一が生き続けていたとしても健一の年齢と目の前の子供の年齢は違う。しかし、理屈ではない。漁師には目の前の子供は息子の健一以外の存在として感じることはできなかった。目の前の子供が息子の健一ではないという事実。事実の認識が漁師になかったわけではない。でも事実認識も思い込みも恨みも悲しみもひとつの脳の中にインプットされたものである。平穏な生活であれば脳の事実認識が絶対的な存在になるだろう。しかし、心が傷つき、空中を浮遊しているような漁師の精神は事実を事実として認識しようとする気持ちはむしろ疎んじられていた。漁師には孤独から開放されたい、屈折した生活から解放されたい・・・・・・・・。

・・・・・そう・・・・・・

・・・愛を求める感情だけが全てであった・・・・・

漁師は啓二の体を揺すった。

「健一、起きろ。健一、起きろ。」

漁師は何度も何度も啓二の体を揺さぶった。啓二はゆっくりと目を開いた。開いた目の遠くに白い入道雲が浮かんでいた。啓二は白い入道雲を虚ろな目で見つめていた。

「さあ、起きるんだ健一。」

漁師はゆっくりと啓二を起こした。漁師は船底に溜まった海水で汚れていた啓二の顔をタオルで拭いた。啓二は無言で、漁師にされるがままにして、抵抗することなく顔を拭かれた。啓二は漁師の顔を見ても恐れる様子も驚く様子もない。サバニは大海原の大波に揺られていたが、啓二は大海原に揺られるサバニに乗っていることにも驚かなかった。啓二は記憶を喪失していた。

　漁師は丁寧に啓二の顔を拭き、啓二を抱きしめようとしたが、躊躇した。漁師の目からは静かに涙が流れ出ていた。

「健一。健一。」

漁師は海原を呆然と見つめている啓二に呼びかけた。啓二は漁師の声に応じるように漁師の目を見た。

「さあ、家に帰ろう。一緒に帆を立てて、家に帰ろう。」

漁師は立ちあがり、啓二の手を引いて啓二を立たせた。漁師は啓二に指示しながら、帆柱を立て、帆柱に帆を張った。啓二はまるでロボットのように漁師の言うがままに従った。大波が来て、サバニが大きく揺れて、啓二が転びそうになると漁師は素早く啓二を抱えて、啓二が倒れるのを防いだ。帆を張る作業は漁師ひとりでやった方が早く終えたが、漁師は啓二と一緒に帆を張った。親子で一緒に海の仕事をやることが漁師の夢であったのだから。啓二と一緒に帆を張る作業をしている時、漁師は幸せだった。とてもとても幸せだった。

「よし、これで完璧だ。さあ、家に帰るぞ。健一はここに座っていな。」

啓二をサバニの中央に座らすと漁師は船尾の方に座り、サバニの舵を握った。舵を握って、さあ出発するぞという気持ちになった瞬間に、なぜか漁師の舵を握っている腕が金縛りになってしまったように動かすことができなくなった。

太陽は午後三時の位置で輝いている。
南東の方からゆるやかな風。
波は南南西から寄せて来る。
背は渡久地の浜。
少し左に角度を帰れば渡嘉敷島。
まっすぐ進んでから、
四海里向こうで角度を右に変えれば伊江島や伊平屋島に行ける。

三十年以上も漁師として生きてきたのだから、沖縄の海は庭のようなものだ。那覇、糸満、具志川、名護など舵の取り方で次第で気の向くままに沖縄のどこにでも行ける。八重山でも台湾でもフィリピン、インドネシアなどの遠い東南アジアでも海図なしに迷わずに行ける。それがウチナー漁師の誇りだ。ところが、漁師は我が家への海路を見つけることができない。一番分かっている筈の我が家への海路。漁師は一番分かっている筈の我が家への海路を度忘れしてしまっていたのだ。

我が家は沖縄本島のどの場所にあったのか。那覇だったたか、宜野湾だったか、中城だったたか、泡瀬だったたか、読谷だったたか、それとも北部やんばるにあったのか、それとも離島にあったのか。不思議なことに漁師は我が家のある場所も我が家への海路も思い出すことがどうしてもできなかった。最初は簡単に思い出すだろうと考え、気を落ち着かせて思い出そうとした。しかし、どうしても思い出すことはできない。

漁師は次第にあせりだした。あれこれ思いを巡らして我が家の姿、我が家の庭、我が家の場所を思い出すのに必死になった。ところが我が家を思い出そうとすればするほど体がぶるぶると震えだし、気分が悪くなった。なぜ気分が悪くなったのか漁師には原因がなんであるのか知るよしもない。

突然、幻想が漁師を襲った。黒い我が家らしきものの前にアメリカ兵が立ちふさがり漁師に銃を向け乱射する。アメリカ兵の後方にある黒い我が家。不気味な黒い我が家。アメリカ兵の銃乱射。

アメリカ軍人の住宅に忍び入り、宝石や貴重品を盗み出す自分の姿も次々と頭に浮かんだ。吼える番犬を軍用短刀で刺し殺す自分も鮮やかに浮かんだ。宝石類を盗む自分。

ドル紙幣を盗む自分。

さまざまな過去がぐるぐると渦巻く。

罪悪感。

重苦しい罪悪感。

黒い我が家の前に立ちふさがるアメリカ兵の銃弾を恐がって、銃弾の雨に飛び込んでいけないない勇気のない自分への惨めな思い。

悔恨。
深い悔恨。
重い悔恨、
深い罪悪感、
絶望、絶望、絶望。

漁師は急に呼吸ができなくなった。息を吸おうとしても喉の奥のなにかが喉の奥のなにかを押し出そうとする。押し出そうとするものが息を吸い込むことを邪魔するのだ。漁師は喉を押さえてもがいた。頭の中は悔恨と罪悪感と絶望がぐるんぐるんと激しく回り続ける。

こ吐き気を催した。漁師はサバニから顔を出し、海面に胃の中のものを全て吐き出した。どどうっと胃の中の汚物は海面に吐き出され、その後に胃がきゅうんと締まって白い汚物、黄色い汚物、茶色の汚物が唾液に混じってぽたぽたと落ちていった。それらはゆらゆらと海中に広がっていく。白い汚物や黄色い汚物や茶色の汚物には悔恨や罪悪感が混じっていたのだろう、汚物を吐いたら漁師の気分が楽になった。

悔恨や罪悪感の混じった汚物は海中に拡散し、流れさって深い海の青だけが漁師の目には映っていた。海は微かな混じりもなくひたすら純粋に青く。深く深く青く永遠に青く・・・・カマー・・・・漁師は妻の名を呼んでいた。とてもとても妻のカマーに会いたかった。カマーに会えない悲しみがつのっていった。涙がぽたぽたと海面に落ちた。海中の奥深くにカマーの恥らった微笑みが見えた。やさしいカマーが恥ずかしそうに微笑んでいる。・・・カマー・・・漁師は小さな涙声を出した。暫くすると、カマーの顔は次第に薄れ、漁師の涙も止まっていた。

漁師はゆっくりと顔を上げ、啓二の方を見た。啓二は渡久地の浜を向いたまま人形のように動かずにいる。啓二は渡久地の浜を見ている。漁師は啓二を見ている。漁師は船尾に座り舵を握った。

「帰らなくては。」

そう思い、サバニの前方を見た。

海はいつもの青い海。

空はいつもの青い空。

白い入道雲はゆっくりと北東の方に流れている。

大自然のいつもの風景。

しかし、サバニの進路を決めようとした漁師のイメージの世界はまるでブラックホールに覆われたように三百六十度ぐるっと指針が見えなくなっていた。でもカマーの微笑みを見た漁師の気分は落ち着いていた。目の前には漁師の愛情を注ぐことができる息子が居る。だから、ブラックホールの中にいる錯覚に陥っても慌てふためくことはなかった。

漁師は我が子を見つめた。

なぜブラックホールが出現したのか、その理由が漁師にはなんとなく分かってきた。それは行くべきではない場所に行こうとするから。黒い我が家。黒い我が家のカマー。そこは行くべき場所ではない。目の前の我が子を見つめながら漁師はそう思うようになった。漁師は決意した。

「健一。」

啓二は漁師の声には反応しないで遥か彼方に見える渡久地の浜の白い砂浜を虚ろに見つめていた。

「健一。」

漁師は何度も啓二を呼んだ。啓二は何度も繰り返す漁師の声に気付き漁師の方を向いた。漁師は黙って啓二を見つめた。啓二も黙って漁師を見つめていたが、暫くすると漁師から顔をそむけ再び渡久地の浜の方を向いた。漁師は立ち上がり啓二に寄って行った。

「健一。」

漁師は啓二の肩を掴んで啓二の顔を自分の方に向かせた。

「南に行こう。南のどこか、小さな島でお父さんと健一の二人で生きていこう。」

啓二は黙って漁師を見つめた。

「なあ、健一、南に行こう。」

啓二は無表情のまま漁師を見つめた。

「健一、うんと言ってくれ。二人で南の島で静かに暮らそう。」

啓二は無表情のまま、漁師から顔を背け、渡久地の浜の方を見た。

「健一、健一。」

漁師は啓二の肩を揺さぶって、啓二の顔を自分の方に向かわせた。

「お父さんはこの島で生活するととても苦しくなるんだ。とてもとても苦しくなるんだ。なぜだかわからないが、苦しくて苦しくて死にそうになるんだ。」

啓二は渡久地の浜の方に顔を向けた。漁師は啓二の肩を揺さぶった。啓二は肩を揺さぶられるとまるで肩を揺さぶられることが合図でもあるように、顔を漁師の方に向けた。

「なあ、健一。うんと言ってくれ。お父さんは健一が一緒なら他になにも要らない。静かな南の島で健一と二人で生きていこう。健一、うんと言ってくれ。」

漁師は啓二に哀願した。啓二は漁師の目を見つめた。漁師も祈るように啓二の目を見続けた。

「健一、南の島に行こう。な、な。」

漁師は何度も啓二の肩を揺さぶり、必死になって啓二の同意を求めた。啓二は漁師が啓二の同意を求めているのを虚ろな心で理解したようだ。

啓二はゆっくりとうなずいた。漁師はほっとして啓二の肩から手を離した。

漁師と啓二が乗ったサバニは、漁師が啓二の肩から手を離した時、指針の見えないブラックホールから脱したようだ。

大海原は青く深く。
太陽は燦燦と輝き。
青い空は青く輝き。
入道雲は真っ白に輝き。
渡久地の浜は水平線の彼方に消えていた。

２０１７年１月１０日発行

おっかあを殺したのは俺じゃねえ

定価１４５８円(消費税込)

編集・発行者　又吉康隆
発行所　ヒジャイ出版
〒　９０４ - ０３１４
沖縄県中頭郡読谷村字古堅５９ - ８
電話　〇九八 - 九五六 - 一三二〇
印刷所　東京カラー印刷株式会社
ISBN978 - 4 - 905100 - 20 - 1
C0036

著者　又吉　康隆
１９４８年４月２日生まれ。読谷村出身。
琉球大学国文学科卒。

ヒジャイ出版の本

沖縄に内なる民主主義はあるかＡ５版　著者・又吉康隆

定価１６２０円(税込み)

第一章　琉球処分はなにを処分したか
第二章　命どぅ宝とソテツ地獄
第三章　県議会事務局の米軍基地全面返還したら９５５億５０００万円の経済効果試算は真っ赤な嘘
第四章　基地経済と交付金の沖縄経済に占める深刻さ
第五章　普天間飛行場の移設は辺野古しかない
第六章　八重山教科書問題はなにが問題だったか

捻じ曲げられた辺野古の真実　定価１６５２円(税込み)著者・又吉康隆

一九七一Ｍの死　定価１１８８円(税込み)　著者・又吉康隆

ジュゴンを食べた話　定価１６２０円(税込み)　著者・又吉康隆

バーデスの五日間　著者・又吉康隆

上１４０４円(税込み)・下１２９６円(税込み)

愛する恵子を殺されたバーデスの沖縄・フィリピンを舞台の復讐劇。

沖縄内なる民主主義１０定価１５１２円(税込み)

目次

①宜野湾市長選から参議院選挙までの沖縄とは・・・3
②島袋里奈さんが行方不明になる前後の経緯からシンザト・ケネフ逮捕まで　4
③沖縄に米軍基地は必要である。それは基本　9
④沖縄の政治には県民を米兵から守るという思想がない　１６
⑤翁長前那覇市長、那覇市警察には自治精神がなかった　２０
⑥島袋里奈さんの死の責任は翁長知事にもある　２２
⑦県政は効果のない要請より、効果のある犯罪防止政策をやるべき　２６
⑧県民の安全は県政が守るという精神がない　２９
⑨知事による事件防止策案　３３
⑩県議会選挙から参議院選まで　３５
⑪県議会選結果の分析　３６
⑫６・１９県民大会の内実　３８
⑬県民大会はオール沖縄の参院選勝利のための選挙戦略だった　４１
⑭伊波候補が圧勝した原因は島袋さんの死にあり　４４
㉓緊迫する東南アジアと尖閣　６４

文学

○三文小説・ホテルアキサミヨー　６９
○和子の死　８８
○詩　五編　１３０
○連載小説・台風十八号とミサイル　四回　１３４
○連載小説・マリーの館　第四回　１５５

発売中

かみつく　Ａ４版　定価１２９６円（税込み）
かみつく２　Ａ５版　定価１６２０円（税込み）
かみつく３　Ａ５版　定価１６２０円（税込み）
沖縄内なる民主主義４　Ａ４版　定価６４８円（税込み）
沖縄内なる民主主義５　Ａ４版　定価６４８円（税込み）
沖縄内なる民主主義６　Ａ４版　定価６４８円（税込み）
沖縄内なる民主主義７Ａ４版定価１６２０円（税込み）
沖縄内なる民主主義８Ａ４版定価１６２０円（税込み）
沖縄内なる民主主義９定価１５１２円（税込み）

ヒジャイ出版の取次店

県内取次店

沖縄教販

TEL　098-868-4170

本土取次店

(株)地方小出版流通センター

TEL　03-3260-0355

FAX　03-3235-6182

取次店はネット販売をしています。